古典文獻研究輯刊

四　編

潘美月・杜潔祥　主編

第 27 冊

釋智旭及其《閱藏知津》之研究

黃怡婷　著

國家圖書館出版品預行編目資料

釋智旭及其《閱藏知津》之研究／黃怡婷著 — 初版 — 台北縣
永和市：花木蘭文化出版社，2007〔民96〕

目 1+186 面；19×26 公分
（古典文獻研究輯刊 四編；第 27 冊）

ISBN：978-986-6831-23-2（全套精裝）
ISBN：978-986-6831-18-8（精裝）
1. 佛教－目錄－研究與考訂
016.22   96004478

ISBN - 9866831188

9 789866 831188

古典文獻研究輯刊
四　編　第二七冊
ISBN：978-986-6831-18-8

釋智旭及其《閱藏知津》之研究

作　　者　黃怡婷
主　　編　潘美月　杜潔祥
企劃出版　北京大學文化資源研究中心
出　　版　花木蘭文化出版社
發 行 所　花木蘭文化出版社
發 行 人　高小娟
聯絡地址　台北縣永和市中正路五九五號七樓之三
　　　　　電話：02-2923-1455／傳眞：02-2923-1452
電子信箱　sut81518@ms59.hinet.net
初　　版　2007 年 3 月
定　　價　四編 30 冊（精裝）新台幣 46,500 元

釋智旭及其《閱藏知津》之研究

黃怡婷　著

作者簡介

請提供文字檔mail到sut81518@ms59.hinet.net　謝謝

提　　要

　　曉雲導師倡導「儒佛會通」！儒學是一般學者較容易接觸，且是較熟悉的；對於浩瀚好比喜瑪拉雅山之佛學經典，有人懂一經，有人懂一部，但是大多數學者皆只約略知道一些皮毛。儒佛如何會通？首要之事便是依靠「目錄」了。

　　書目好像地圖、海圖、導航圖，是書目工作者在書海中檢索文獻，為讀者服務的指南針。有了導航圖，便能開始啟航，但少了羅盤，有可能迷路，亦有可能花費終生心力才到達目的地。書目解題乃經典之羅盤，是到達目的地最快最明確的法寶。

　　明‧智旭《閱藏知津》，乃佛典書目之羅盤。撰作於明末、清初。智旭旁參前人經錄，再佐以一己閱藏之心得，歷時二十春秋完成此書。智旭不僅是佛學重要大師，《閱藏知津》於佛教目錄學史上，更佔有極重要之學術地位。以下分章略述之：

　　第一章　從序論揭開序幕。

　　第二章　想要了解《閱藏知津》，不能不先認識釋智旭。對作者之時代、生平、及其它著作，作簡單說明。

　　第三章　從目錄學角度切入，對《閱藏知津》之內容、撰作體例、及解題特色等幾項作分析研究。

　　第四章　檢核《閱藏知津》著錄之資料，如佛典譯撰者及其年代，經典題名、卷數，以及標註之南、北藏函號等是否正確，依節詳為考述之。

　　第五章　目錄學之功用，不外乎「考鏡源流」，擬對《閱藏知津》之源一一探討，先對眾經目錄作了解，再對解題目錄作論述，並相互比較；對《閱藏知津》之流，逐一分析其影響價值，以及此書應有之學術地位。

　　第六章　結語。

　　附錄一《閱藏知津》經典題名、南北藏函號、特殊符號及《永樂南藏》、《永樂北藏》函號等綜合比較表。

目

錄

第一章 序 論

　　傳統目錄學專著中，所列佛經典籍目錄，並不普遍，亦不全面。西晉・荀勗《中經新簿》首次收錄佛典。唐・道宣《廣弘明集》云：

　　　　晉《中經簿》四部書，一千八百八十五部，二萬九百三十五卷，其中十六卷佛經書簿，少二卷，不詳所載多少，一千一百一十九部亡，七百六十六部存。〔註1〕

晉之後，官私所編之圖書目錄，才著錄佛典目錄，惟其數目寥寥。

　　佛教自東漢末年傳入中國，隨之而來的印度大小乘經典，漸漸被轉譯爲漢文。且自佛教東傳後，關於闡發佛學義理、記敍人物史跡、戒律禮儀、建築寺塔及規制術語等等佛教經典，亦陸續問世。隨著佛教成爲重要宗教之後，佛教經典之數量，日益可觀，故佛經典籍目錄之產生，實爲學術發展所必然。

　　大量佛教經典產生，一方面爲了傳播教義，一方面要記錄佛祖之旨意，故「眾經目錄」是必然爲隨而出現之學術產品。其內容包括佛典之名目部卷、譯撰時間、地點、人物，若爲失譯人名，則標註之。這些「眾經目錄」只能記錄經典之基本資料，著錄佛典名目部卷，未能闡釋佛典之主旨及其特色，故「佛典解題目錄」乃順勢而生。

　　佛經解題之目錄，明・智旭《閱藏知津》並非第一部，但它是佛經解題目錄之集大成者。蓋智旭有見於佛教典籍日益繁多，良莠不齊，故以二十春秋之歲月，著錄《閱藏知津》，其敍云：

　　　　顧歷朝所刻藏乘，或隨年次編入，或約重單分類，大小混雜，先後失準，致使欲展閱者，茫然不知緩急可否，故諸刹所供大藏，不過緘置

────────────
〔註1〕唐・道宣《廣弘明集》收錄於《大正新脩大藏經》第五十二冊，日本東京大藏經刊行會世樺印刷公司，1990年4月印行，頁110，經號2103。

高閣而已。縱有閱者，亦罕能達其旨歸，辨其權實。〔註2〕

智旭年三十發願閱藏，隨閱隨錄，並以前人之作為他山之石，希望讀者閱其經，即能達其旨歸，辨其權實。故又曰：

> 唯宋有王古居士，創作《法寶標目》；明有蘊空沙門，嗣作《彙目義門》，並可稱良工苦心。然《標目》僅順宋藏次第，略指端倪，固未盡美。《義門》創依五時教味，儱陳梗概，亦未盡善。〔註3〕

研究《閱藏知津》，即知佛經目錄之流源；探究《閱藏知津》體例，即知與宋·惟白《大藏經綱目指要錄》、宋·王古《大藏聖教法寶標目》及明·寂曉《大明釋教彙目義門》有別。竊願以此拙作為佛學探究之第一步。

第一節　研究動機

曉雲導師倡導「儒佛會通」！儒學是一般學者較容易接觸，且是較熟悉的；對於浩瀚好比喜瑪拉雅山之佛學經典，有人懂一經，有人懂一部，但是大多數學者皆只約略知道一些皮毛。儒佛如何會通？首要之事便是要依靠「目錄」了。清人王鳴盛說：「目錄之學，學中第一要緊事，必從此問途，方得其門而入。」〔註4〕又說：「目錄明，方可讀書；不明，終是亂讀。」〔註5〕目錄知了，內涵明了，儒佛才有會通之可能。

書目好像地圖、海圖、導航圖，是書目工作者在書海中檢索文獻，為讀者服務的指南計〕〔註6〕。有了導航圖，便能開始啟航，但少了羅盤，有可能迷路，亦有可能花費終生心力，才到達目的地。故經典之羅盤─書目解題，就是到達目的地最快最明確之法寶。

近人梁啟超在〈佛家經錄在中國目錄學之位置〉〔註7〕一文中有提到，佛經目錄所用方法優於普通目錄之書有五點。經錄是屬專科目錄，不同於傳統目錄之博

〔註2〕釋智旭《閱藏知津·敘》上冊，新文豐出版公司，民國62年6月初版，頁1。

〔註3〕同上註，頁2。

〔註4〕清·王鳴盛《十七史商榷》廣文書局，民國49年3月初版，民國60年5月再版卷1，頁1。

〔註5〕同上註，卷17，頁1。

〔註6〕《目錄學概論》，武漢大學、北京大學《目錄學概論》編寫組編著，中華書局，1982年，北京，頁5。

〔註7〕梁啟超〈佛家經錄在中國目錄學之位置〉《佛教目錄學述要》現代佛學學術叢刊（40），台北市：大乘文化，民國65年，頁21～52。

雜。故在資料內容上之份量、考證、縝密等等，或有優於傳統目錄者。站在經錄門前的我們，了解其優點，其用途，是刻不容緩的。

北宋惟白編撰的《大藏經綱目指要錄》，在書末「大藏經綱目指要錄五利五報述」中提到編集藏經提要有「五利」：「（1）宗師提唱者，得隨宜開覺故。（2）法師講演者，資闡明訓徒故。（3）樂於註撰者，助檢閱引文故。（4）有緣看藏者，易曉品義故。（5）無因披教者，知藏乘要義故。……。」〔註8〕此五利，廣被於僧人法師、俗家弟子、學者、甚至於芸芸眾生，真是一大功德。尤其以學術價值來說，更是功不可沒。屬於經錄解題之《閱藏知津》，其功用可被譽為「佛教中之『四庫提要』」，其書完成於清順治甲午年（西元 1654 年），北天目沙門智旭編撰。是現存經錄解題中年代較晚，亦是集經錄解題之大成者。智旭旁參《大藏經綱目指要錄》〔註9〕、《大藏聖教法寶標目》〔註10〕及《大明釋教彙目義門》〔註11〕等經錄解題著作，有延用、有更改、有創新。《閱藏知津》之價值及重要性，由此可見。

智旭生於明神宗萬曆二十七年，圓寂於清順治十一年甲午（西元 1599 年至 1655）。年幼茹素，少年時習儒學，辟佛老，著有《辟佛論》數十篇。其人生轉折於十七歲，因閱袾宏《自知錄》與《竹窗隨筆》〔註12〕，遂不排佛。二十四歲出家，從此走上學佛之路。

智旭經過失怙、失恃及身體病痛，從未改變學佛之心。年三十發心閱藏，一生著作多達數十部。其弟子成時將其所撰述，分為釋經與宗經兩部分，收錄於《靈峰宗論》中。

《閱藏知津》，智旭代表作，歷二十春秋始完稿。造福千千萬萬佛門子弟及閱藏者。其體例分四大藏，經藏、律藏、論藏及雜藏。其中各分大、小乘，再細分西土與此土。（請參閱《閱藏知津》體例架構圖）

其解題，若佛典卷數之多者，逐分逐品解題。若罕見之經典，亦逐品羅列品名並予以說明。針對佛典性質及重要性，作主要與次要之分別。這嶄新之分類法、謹慎之治學態度、細膩之思惟方法、堅毅之學佛精神，皆值得更進一步探究。

〔註 8〕北宋·惟白《大藏經綱目指要錄》收錄於《法寶總目錄》第二冊，新文豐出版公司，
　　　　民國 91 年修訂版一版四刷，頁 771。
〔註 9〕同上註，頁 571～772。
〔註10〕宋·王古《大藏聖教法寶標目》收錄於《法寶總目錄》第二冊，新文豐出版公司，
　　　　民國 91 年修訂版一版四刷，頁 773～844。
〔註11〕明·寂曉《大明釋教彙目義門》收錄於《四庫未收書輯刊》參輯·二十冊，明萬曆
　　　　四十七年刻本，四庫未收書輯刊編纂委員會編，北京出版社，1998 年，頁 183～718。
〔註12〕明·袾宏（西元 1533 年至 1615 年）字佛慧，號蓮池，亦稱雲棲。其《自知錄》
　　　　闡述功過表、念佛計量法。其《竹窗隨筆》敘述佛儒相資、三教合一等思想。

《閱藏知津》體例架構圖

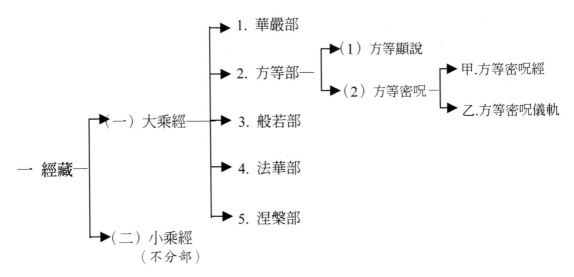

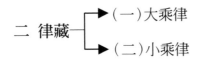

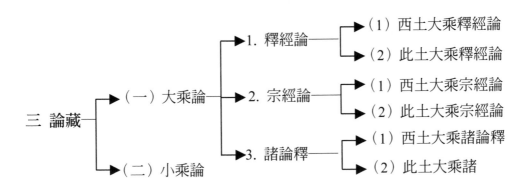

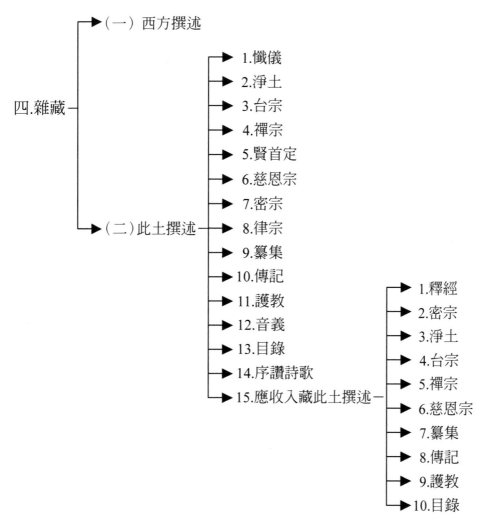

第二節　研究方法

　　智旭在學術上之地位既明，研究其著作者，不在少數。然因其著錄著作之多，著作內容多元化，不限於單一體裁，有願文，有法語、普說等二十八類。故前人對此佛錄之研究，各有不同。首先依各學者之不同研究，作分類式介紹。

　　《孟子》〈萬章篇下〉有云：「頌其詩，讀其書，不知其人可乎？是以論其世也。」〔註13〕故想要了解《閱藏知津》，不能不先認識釋智旭。智旭一生習佛之過程，及其著作言論與佛學思想，在在與《閱藏知津》息息相關。

〔註13〕孟軻《孟子》收錄於《黃侃手批白文十三經》黃侃編，理藝出版社，民國87年12
　　　月初版，頁63。

明末清初，世代交替，此為智旭所處之時代。天災人害頻傳，政治動盪不安、社會處於惡劣環境下。如此環境背景，對其影響之大，不可言喻，故不能略而不知。擬從〈八不道人傳〉、《蕅益大師年譜》、《靈峰宗論》及《蕅益大師全集》等資料中，對作者之生平，其年代背景、及《閱藏知津》成書之時間等作進一步詳細述說。並對智旭其它重要著作，分門別類探究之。

《閱藏知津》雖為佛教典籍，然其性質屬「專科書目」，歸屬於目錄學。擬從目錄學角度切入，對《閱藏知津》之內容、撰作體例、及目錄解題特色等幾項作分析研究。《閱藏知津》之內容範圍，以《法寶總目錄》〈大明三藏聖教南藏目錄〉〔註14〕與〈大明三藏聖教北藏目錄〉〔註15〕為檢核對象。其閱藏撰作體例，依《閱藏知津》獨特之四部分類法，作更進一步剖析。其解題，按智旭之撰述宗旨，研究其特殊性。

昌彼得先生云：「以圖書作為研究對象的學問，……日本稱作書誌學或書史學，我國早期稱為校讎學，近世始通用『目錄學』。」〔註16〕目錄之功用價值，即在於著錄正確典籍資料，佐助治學。首先針對《閱藏知津》所標註佛典之作者及其年代作檢核，以明‧寂曉《大明釋教彙目義門》為主要檢核對象，其因有四：一、兩人所處之時代相近。二、兩人皆以《永樂南藏》與《永樂北藏》為主要編著依據。三、兩人所著皆為「佛典解題目錄」之作。四、智旭於《閱藏知津‧凡例》中明載其多依寂曉之體例而有所更改創新。再者，將《閱藏知津》與《大明釋教彙目義門》之相異處，作進一步比對。

《閱藏知津》前有總目四卷，後有正文四十四卷。總目僅載錄經典題名、卷數及南北藏函號，正文則多載錄作者及解題。將總目資料與正文資料作核閱，將相異者以表格列示之。又《閱藏知津‧凡例》所言，對經典譯本之巧拙，有不同位置之安排。擬檢核總目與正文對譯本之安排是否一致，將結果亦以表格列示之。

載錄他藏之函號，可說是《閱藏知津》與《大明釋教彙目義門》之特色。故針對《閱藏知津》所標註之南、北藏函號，以收錄於《法寶總目錄》之《永樂南藏目錄》與《永樂北藏目錄》所標示函號作檢核，找出相異處，辨別其誤。

「目錄之目的有二：一在於綱紀群籍，分類部次；一在於考鏡源流，辨章學

〔註14〕《大明三藏聖教南藏目錄》收錄於《法寶總目錄》第二冊，新文豐出版公司，民國91年修訂版一版四刷，頁331～359。

〔註15〕《大明三藏聖教北藏目錄》收錄於《法寶總目錄》第二冊，新文豐出版公司，民國91年修訂版一版四刷，頁271～299。

〔註16〕昌彼得、潘美月《中國目錄學》文史哲出版社，民國75年9月初版，民國80年10月初版二刷，頁1。

術，二者不可捨一。」〔註17〕研究《閱藏知津》，除了分類部次，更要探其源與流。由源知流，才不至於如同浮萍無根。先對歷代佛典目錄作全面性了解，再將「佛典解題目錄」作學術史探究，與體例比較。最後再探討《閱藏知津》之體例、解題等，對其後佛典目錄著作之影響。

在本論文中，學生對印度佛教和中國佛教之差異，所衍生對佛典教義及佛典分類之不同看法，不擬討論；對中國佛教中，各宗派的判教差別，也暫不予探究。僅針對智旭《閱藏知津》本身內容加以研究，至於《閱藏知津》中，對佛典歸類是否合理、無誤之相關問題，則非本論文著墨的重點，先於此節申明。

第三節　前人研究成果

學者對智旭的研究，除去僅在簡述智旭生平，散見於各類佛僧傳記中之一隅。在闡述其佛學思想或著作時，亦會簡介生平，然篇幅不多。其餘研究成果集中於下列三方面：一為智旭儒佛會通（三教合一）研究；二為智旭的佛學思想研究；三為介紹佛典目錄時，提到智旭之《閱藏知津》。

茲僅就筆者所見資料，舉例簡述如下：

一、智旭生平

01	〈八不道人傳〉《靈峰宗論》，蕅益大師著，成時法師編，青蓮出版社，86 年 4 月 8 日，頁 28～34。
02	《蕅益大師年譜》，釋弘一撰，高雄淨宗學會，84 年。
03	《淨土聖賢錄》，彭際清，新文豐出版公司，80 年 9 月一版三刷，頁 195～199。
04	《高僧行誼》，陳秀慧，了凡弘法學會編訂，2003 年 6 月，增訂版，頁 55～62。

對於智旭之生平介紹，學者多依據成時所編《靈峰宗論》〈八不道人傳〉，及〈蕅益大師續傳〉。再旁參釋弘一所著《蕅益大師年譜》、彭際清《淨土聖賢錄》等。

二、儒佛會通部分

| 01 | 《蕅益智旭「易佛會通」研究，陳進益，004，東吳大學博士論文。 |
| 02 | 《釋智旭援佛解易思想研究》，黃馨儀，2003，中興大學碩士論文。 |

〔註17〕昌彼得《中國目錄學講義》文史哲出版社印行，民國 62 年 10 月初版，頁 13。

03	《四書蕅益解》研究，羅永吉 84 年，成功大學碩士論文。
04	〈蕅益智旭會通儒佛的觀念構作〉，杜保瑞，《哲學與文化月刊》第 349 期，2003 年 6 月 10 日一版一刷。
05	〈明代四大高僧與三教合一〉，洪修平，《佛學研究》，1998，頁 52～57。

　　智旭七歲茹素，十二歲就外傅，聞儒學，遂闢佛。十七歲見袾宏《竹窗隨筆》、《自知錄》，乃焚闢佛論。二十歲詮《論語》，大悟孔顏心法。此後智旭之儒與佛思想，相互影響。聖嚴在《明末中國佛教之研究》第一章智旭的時代背景之第二節，〈與儒教的關聯〉中有詳細說明智旭佛、儒會通、三教同源思想。而智旭之《四書蕅益解》，亦引發不少學者興趣，多擬探究在明末理學中，智旭如何會通佛儒思想及其意義。

三、佛學思想研究部分

01	《明末中國佛教之研究》，釋聖嚴著，關世謙譯，臺灣學生書局，77 年 11 月初版 484 頁。
02	《蕅益智旭之淨土思想》，鄧繼盈，77 年，政治大學碩士論文。
03	《明末蕅益大師之生平及其佛學思想研究》，張瑞佳，88 年，華梵大學東方人文思想研究所碩士論文。
04	〈略論蕅益大師念佛即禪觀思想 —— 紀念蕅益大師誕辰四○○週年〉，學誠法師，福建佛學院。
05	〈蕅益智旭的戒律觀〉，釋自澹，88 年 3 月 20 日，《香山莊嚴期刊》，第五十七期，
06	〈以蕅益智旭為例探究晚明佛教之「復興」內涵〉，釋見曄，1999 年 3 月出版，中華佛學研究期刊，第三期，頁 207～250。
07	〈論晚明佛學的性相會通與禪教合流——以晚明佛教四大師為例〉，陳永革，《普門學報》，第十五期。
08	〈蕅益智旭思想的特質及其定位問題〉，陳英善，1996 年 3 月，中國文哲研究集刊，第八期。

　　上述所列專著、論文等資料，即針對智旭佛學思想特色進行研究。以身為晚明佛教四大師之一的智旭而言，其佛學思想成就當然重要，尤其學者對智旭之宗派歸屬仍有歧見，討論篇章亦多。亦有對智旭之「戒律觀」研究者，也有學者認為智旭是晚明佛教「復興」的重要關鍵人物，故智旭整體佛學思想研究，在研究智旭學術中佔有相當重要的地位，也有一定的價值。

　　釋聖嚴所著《明末中國佛教之研究》，對智旭之時代背景、生平、著作及其佛學思想等等，闡述最透徹。然對《閱藏知津》僅列名目，卻無深入介紹。

四、佛典目錄部分

01	《佛典精解》，陳士強，建宏出版社，1995 年 7 月初版一刷，1438 頁。
02	《歷代佛經目錄初探》，河惠丁，77 年，臺灣大學碩士論文。
03	《中國佛教經錄譯典之分類研究》，陳莉玲，83 年，淡江碩士論文。
04	〈佛教圖書分類法 1996 年版與各分類法之佛教類目比較分析〉，阮靜玲，《佛教圖書館館訊》，第 28 期，90 年 12 月。
05	〈佛經目錄解題筆記〉，妙淨，《佛教圖書館館訊》，第 29 期，91 年 3 月。
06	〈我國古代佛經目錄的目錄學思想及成就〉，林霞，福建師範大學圖書館，《圖書館論壇》雙月刊，1999 年，第 6 期。
07	〈佛道兩教目錄之比較〉，王欣欣，山西大學圖書館，《普圖學刊》，2001 年，第 1 期。
08	〈中國歷代佛教目錄類型瑣議〉，徐建華，《佛教圖書館館訊》，第 29 期，91 年 3 月，頁 22～31。
09	〈目錄學苑一奇葩—佛經目錄學探勝〉，文平志，佛學講堂，《佛學文化》，頁 62～64。

在介紹中國佛典目錄時，智旭的《閱藏知津》是絕對不會被研究者遺漏的，因為它是佛典解題目錄之集大成者。僅梁啓超〈佛家經錄在中國目錄學之位置〉，因評《閱藏知津》為筆記體，故不述之。因此只要是介紹佛經目錄時，多會提到《閱藏知津》，可見其重要性。

從上述對智旭研究之四方面來看，生平及時代背景之認識，屬學術之必然性，固有志研究者，皆須具備此學識。智旭的佛學思想與儒佛會通部分，學者已有相當多的研究成果，能超越的部分實屬有限。然在中國佛典目錄研究之部分，雖學者多承認智旭《閱藏知津》是佛典解題目錄之佼佼者，然對其研究，僅作概論性質的介紹。遠比不上同為佛經目錄的《出三藏記集》、《大唐內典錄》及《開元釋教錄》等，有眾多之學者投入作研究。因此觸發筆者朝此方面作研究，並幸獲指導教授－何師廣棪的鼓勵，遂以「釋智旭及其《閱藏知津》之研究」為題，對這部中國佛典解題目錄，進行較全面性之探討。

第二章　智旭之生平及著作

　　知人論世為作學問第一事，此章對《閱藏知津》作者─蕅益智旭大師，所生存之時代、一生習佛之經過、及其著作，作知識性認識。

第一節　智旭之時代

　　智旭身為明末四大高僧之一，又被尊為蓮宗九祖。其所處之時代，對其一生、其著作影響甚大。將分外在因素，與佛學發展，敘述時代對智旭之影響。

一、外在因素

（一）社會環境

　　智旭生於明·萬曆二十七年，西元 1599 年，圓寂於清·順治十二年（明·永曆九年），西元 1655 年，享年五十七歲。明末萬曆時期，政治腐敗，流賊四起，外敵入侵，天災人禍，民不聊生。《明史》〈葉向高傳〉載曰：

> 當是時，帝在位日久，倦勤，朝事多廢弛，大僚或空署，士大夫推擇遷轉之命往往不下，上下乖隔甚。廷臣部黨勢漸成，而中官榷稅、開礦，大為民害。〔註1〕

葉向高為萬曆年間人，萬曆乃明神宗之年號，其傳中有云：「帝在位日久，倦勤，朝事多廢弛。」為政者無治國之心，臣子無忠貞之義，良策無法施行，人民生活如何會好？既有人禍，再遇天災，故流賊四起。《明史》〈汪奎傳〉又云：

> 陝西、山西、河南頻年水旱，死徒大半，山、陝之民僅存無幾，……

〔註1〕楊家駱編《明史》鼎文書局，第九冊，列傳第一百二十八，民國 69 年，頁 6232。

山、陝、河、洛饑民多流鄖、襄，至骨肉相噉。〔註2〕

《明史》〈王宗沐傳〉亦曰：

> 山西列郡俱荒，太原尤甚。三年於茲，百餘里不聞雞聲。父子、夫婦互易一飽，命曰『人市』。宗祿八十五萬，累歲缺支，饑疫死者幾二百人。〔註3〕

山西、陝西及河南等地，長年水、旱饑荒。易子而食，屍骸枕藉。日本、朝鮮邊防之攻戰。滿清外族，虎視眈眈。加賦、荒年、叛卒、天災、蟲害等等。內憂加外患，人民苦不堪言。最後滿清入關，明朝滅亡。智旭生長於這樣惡劣之環境下，對政治、社會充滿不安全感。智旭曰：

> 疾疫饑荒洊至，已至寒心。干戈兵革頻興，尤堪喪膽。父母妻孥莫保，骨肉身首分離。百骸潰散，誰思一性常靈。萬鬼聚號，肯信三緣自召。悠悠長夜，淚與血而俱枯。漠漠荒郊，魂與魄而奚泊。〔註4〕

面對這樣的環境，智旭以滿懷同情心關心。以悼念及躬行禮懺，迴向於罹難之眾生。祈願浩劫餘生者，得以脫離苦難，往生淨土。亦慶幸自己未受到惡劣政治環境所迫害。

（二）佛學與儒學之關係

明末之學術思想潮流，延續宋朝之「理學」。以朱熹學派與王陽明學派為代表。考試以「八股文」為形式，以「理學」為內容。宋明儒學與秦漢儒學之差異，在於宋明儒學融合佛學思想。儒者多有與佛學相關之著作，佛學亦參有儒家思想。智旭有云：

> 三寶深理，非庸儒所知。大智丈夫，乃能諦信。余少時亦拘虛程朱，後廣讀內典，稍窺涯畔，莫窮源底，方知有真實心性之學。〔註5〕

能儒氏之為教也，大而博，深而不可晦，極六合內外不為迂。余昔拘虛程朱之學。〔註6〕

智旭〈八不道人傳〉又云：

> 十二歲，就外傅，聞聖學。即千古自任，誓滅釋老。開葷酒，作論數十篇，闢異端，夢與孔顏晤言。〔註7〕

〔註2〕同註1，第七冊，列傳第六十八，頁4781～4782。

〔註3〕同註1，第八冊，列傳第一百一十一，頁5876。

〔註4〕蕅益大師《靈峰宗論》〈禮千佛告文〉上冊，民國86年4月初8，頁175。

〔註5〕同註4，上冊〈示范明啟〉，頁198。

〔註6〕同註4，中冊〈惠應寺放生蓮社序〉，頁952。

〔註7〕同註4，上冊〈八不道人傳〉，頁28。

明末學術思想，儒學影響佛學，佛學融入儒學，甚至道教思想，亦相雜其內。入世與出世、食葷與茹素、佛學與儒學，出入佛儒，相互影響，由智旭成長過程，可窺見一二。

（三）三教同源思想

道教爲雜有老莊思想之中國民間宗教信仰。長期與儒、佛相爭結果，至明末已出現「三教同源」之說。明末高僧袾宏《自知錄》、《竹窗隨筆》，即闡述佛、儒、道三教同源之作，並評比優劣及論述佛教之立場。蓮池大師袾宏有云：

> 夫《南華》於世書，誠爲高妙。而謂勝《楞嚴》，何可笑之甚也。〔註8〕

> 孔子之文，正大而光明，日月也。彼《南華》，佳者如繁星掣，劣者如野燒也。〔註9〕

> 震旦之書，周、孔、老、莊爲最矣。佛經來自五天，欲借此間語而發明。……然多用其言，不盡用其義。〔註10〕

由上述可知，袾宏具佛、儒、道三教同源思想，認爲儒學與道語，皆爲闡佛，故佛教地位最爲崇上，次乃儒學，末則道教。智旭〈八不道人傳〉有云：「十七歲，閱《自知錄序》及《竹窗隨筆》，乃不謗佛。」故智旭三教同源思想，應啓發於袾宏。其〈金陵三教祠重勸施棺疏〉云：

> 三教深淺，未暇辨也，而仁民愛物之心則同。……儒以之保民，道以之不疵癘於物，釋以之度盡眾生，如不龜手藥，所用有大小耳。故吾謂：求道者，求之三教，不若求於自心。自心者，三教之源，三教，皆從此心施設。〔註11〕

二、佛學之發展

佛學發展至明代，已無大突破，且有日見衰微之現象。直至明末四大僧出現，方造就百年來之復興氣象。明末四大僧，即雲棲袾宏（1535～1615）、紫柏眞可（1543～1603）、憨山德清（1546～1623）、蕅益智旭（1599～1655）。此四位佛學大師，突破歷來佛學宗派與法派之傳承，從而打開佛學諸宗大融會之局面。故智旭不以天台爲宗，又曰有儒、有禪、有律、有教、道人又艴然不屑，故名「八不道人」。

印刷術發展至明代，進步之技術，對佛教典籍之保存及傳承，助益良多。在

〔註8〕蔡運辰《竹窗隨筆贅言》〈莊子一〉新文豐出版公司，民國86年4月台一版，頁14。
〔註9〕同註8〈莊子二〉，頁15。
〔註10〕同註8，〈莊子三〉，頁15。
〔註11〕同註4，下冊〈金陵三教祠重勸施棺疏〉，頁1186。

明朝有二部大藏經出版,即《永樂南藏》與《永樂北藏》。既有《大藏經》出版,繼而佛典解題目錄,便順勢而生。使佛學發展更上一層樓。

比起晚明三大師而言,智旭所處的時代,其政治、經濟、社會之狀況更是混亂,因為此時是明清鼎革、改朝換代之際。面對這種兵荒馬亂、天災人禍頻仍的時代,智旭扮演的角色頗類似袾宏,以宗教心、行宗教路,遠離世俗,不涉入世事。面對人間苦難,是以祈求、發願等宗教力量處之,採取改善人心的唯心方式之路徑。

獨特之時代條件,孕育了智旭這一佛學大師。其著作中,充滿了時代之影子。《閱藏知津》為其最大之學術成就,宛如海港之燈塔,指引眾生光明道。

第二節　智旭之生平

智旭弟子成時所編《靈峰宗論》,內有收錄〈八不道人傳〉,即是智旭自傳。智旭圓寂後,成時增補〈八不道人續傳〉。智旭之誕生,充滿了佛緣故事,其傳曰:

> 俗姓鍾,名際明,又名聲,字振之。先世汴梁人,始祖南渡,居古
> 吳木瀆。母金氏,以父岐仲公,持白衣大悲呪十年,夢大士送子而生,
> 蓋萬曆二十七年巳亥,五月三日亥時也。〔註12〕

萬曆二十七年(1599)五月初三,智旭誕生。智旭法名也,俗姓鍾,江蘇木瀆人。父鍾岐仲,母金氏,皆為虔誠佛教徒,常年誦持白衣大悲呪,夢大士送子而生智旭。智旭之名,乃出家剃度後之法號,一般亦稱釋智旭。其傳有云:

> 二十四歲,夢禮憨山大師,哭恨緣慳,相見太晚。師云:此是苦
> 果。……一月中,三夢憨師。師往曹谿,不能遠從,乃從雪嶺師剃度,
> 名智旭,雪師,憨翁門人也。〔註13〕

智旭從雪嶺師剃度,自稱雪嶺師與憨山大師門人也。智旭另有一自稱法號「澫益」,亦稱澫益子、澫益道人、澫益沙門等。「澫益」表依奉稱名念佛,求願往生極樂,期能滋育七重蓮池蓮根之意。

智旭出家前亦有用許多別號,有大朗優婆塞、釋大朗、際明禪師等。〈四十八願〉言:

> 〈四十八願〉天啟元年,歲次辛酉,七月三十日,時名大朗優婆塞。〔註14〕

〔註12〕同註4,上冊〈八不道人傳〉,頁28。
〔註13〕同註4,上冊〈八不道人傳〉,頁30。
〔註14〕同註4,上冊〈四十八願〉,頁49。

天啓元年（1621），智旭二十三歲，決意出家。撰著〈四十八願〉時，所用之署名
爲大朗優婆塞，居士之署名也。亦別稱「釋大朗」。際明爲智旭俗名，未正式剃度
前，自稱「際明禪師」。智旭晚年常自稱爲「八不道人」，其曰：

> 八不道人，震旦之逸民也。古者有儒、有禪、有律、有教，道人既
> 蝥然不敢。今亦有儒、有禪、有律、有教，道人又鮑然不屑。故曰八不
> 也。〔註15〕

> 只因沒有的確師承，到底只是個八不就。〔註16〕

「八不道人」爲智旭晚年法號。明末因受三教同源思想所致，智旭自認不像古代
儒者、禪者、律者、教者，亦不是現代儒者、禪者、律者、教者。又自認無師承、
八不就，故自號「八不道人。」

智旭年少時出入佛、儒，曾茹素，再食葷。誓滅佛、老，後又焚闢佛論數篇。
其傳曰：

> 七歲茹素，十二歲就外傳。聞聖學，即千古自任，誓滅釋老。開葷
> 酒，作論數十篇闢異端。夢與孔顏晤言。十七歲，閱〈自知錄序〉、及《竹
> 窗隨筆》，乃不謗佛。取所著闢佛論焚之。〔註17〕

智旭雙親爲虔誠佛教徒，其誕生又充滿神蹟，故七歲茹素並不意外。漸長就外傳，
學儒家聖學，乃棄佛就儒。直到十七歲，受袾宏《自知錄》及《竹窗隨筆》之啓
發，遂不闢佛。十七歲爲智旭學佛之路第一關鍵點。

智旭二十三歲決意出家，在此之前亦出入佛、儒。然向佛之心日益顯著。其
傳云：

> 二十歲，詮《論語》，至天下歸仁，不能下筆，廢寢忘飧三晝夜，
> 大悟孔顏心法。冬，喪父，聞《地藏本願》，發出世心。二十二歲，專志
> 念佛，盡焚窗藁二千餘篇。二十三歲，聽《大佛頂經》，謂世界任空，空
> 生大覺，遂疑何故有此大覺。致爲空界張本，悶絕無措，但昏散最重。
> 功夫不能成片，因決意出家，體究大事。〔註18〕

智旭二十歲，大悟孔顏心法。當年冬天喪父，聞《地藏本願經》，發出世心。此爲
其向佛之第二關鍵點。二十二歲開始專心念佛，二十三歲因《大佛頂經》，決意出
家。此爲其第三關鍵點。

〔註15〕同註4，上冊〈八不道人傳〉上冊，頁28。
〔註16〕同註4，下冊〈自像贊三十三首〉，頁1439。
〔註17〕同註4，上冊〈八不道人傳〉，頁28～29。
〔註18〕同註4，上冊〈八不道人傳〉，頁29。

二十四歲之智旭，夢憨山大師。遂從憨山大師門人，雪嶺師正式剃度，從此展開修佛、念佛之路。二十六歲，始受菩薩戒；二十七歲，徧閱律藏；二十八歲，割肱救病母，不治，乃痛切肺肝。其傳曰：

> 二十六歲，受菩薩戒。二十七歲，徧閱律藏，方知舉世積譌。二十
> 八歲，母病篤，四割肱不救，痛切肺肝。葬事畢，焚棄筆硯，矢往深山，
> 道友鑒空，留掩關於松陵。關中大病，乃以參禪工夫，求生淨土。〔註19〕

智旭割肱無法救母，乃悟此身非父母生，何故又割肱求母？喪事畢後，遂往深山潛心修佛。於關中大病，以參禪工夫求生淨土。

三十歲後之智旭，遊歷千山萬水，並開始大量撰述著作，其傳有云：

> 三十歲，出關朝海。將往終南，道友雪航。願傳律學，留住龍居。
> 始述《毗尼事義集要》，及《梵室偶談》。是年遇惺谷、歸一兩友。三十
> 一歲，送惺谷至博山薙髮，……躬行多玷，故不爲和尚。〔註20〕

智旭三十歲，居於「龍居」，並著有《毗尼事義集要》，及《梵室偶談》。三十一歲，因精於律藏，卻煩惱習強，乃誓不爲和尚。三十二歲，擬註《梵網》，作四鬮問佛。其傳曰：

> 三十二歲，擬註《梵網》，作四鬮問佛。一曰宗賢首，二曰宗天台，
> 三曰宗慈恩，四曰自立宗。頻拈得台宗鬮，於是究心台部。而不肯爲台
> 家子孫。以近世台家，與禪宗、賢首、慈恩，各執門庭，不能和合故也。〔註21〕

智旭雖究心天台宗，卻不自稱天台門人，何故也？智旭〈示如母〉有云：

> 予二十三歲，即苦志參禪，今輒自稱私淑天台者，深痛我禪門之病，
> 非台宗不能救耳。奈何台家子孫，猶固拒我禪宗，豈智者大師本意哉？〔註22〕

禪宗、賢首宗、慈恩宗及天台宗等佛教宗派，各執一派，互不相融。然智旭之佛學思想卻不宗任何一派，其認爲佛門不應各執門庭，應相和合，故不肯自稱爲天台弟子。

智旭自三十三歲起，便入深山念佛、參禪。其間歷居多地，並大量撰作，其傳曰：

> 三十三歲秋，惺谷、璧如二友去世。……三十五歲，造西湖寺。……
> 三十七歲，住武水，……三十八歲，住九華。……四十一歲，住溫陵。……
> 四十二歲，住漳州。……四十四歲，住湖州。……四十六歲，住靈峰。……

〔註19〕同註4，上冊〈八不道人傳〉，頁31～32。
〔註20〕同註4，上冊〈八不道人傳〉，頁32。
〔註21〕同註4，上冊〈八不道人傳〉，頁32。
〔註22〕同註4，上冊〈示如母〉，頁386。

四十七歲，住石城。……五十四歲，住晟谿。草《楞伽義疏》，遷長水而
始竟。尚有《閱藏知津》、《法海觀瀾》、《圓覺》、《維摩》、《起信》諸疏，
厥願未完。〔註23〕

智旭從三十歲住龍居開始，至五十四歲，其間歷居多地。這二十多年間，爲智旭
撰著之高峰期，共達數十篇。這期間經歷經友人惺谷、璧如圓寂、造西湖寺等。
直到五十四歲居晟谿，仍有多部撰作未完成，《閱藏知津》便是其中之一。

智旭自傳僅載至壬辰臘月，即永曆六年十二月（1652）。智旭圓寂於永曆九年
（1655），其後三年傳紀，由門人弟子成時續之。成時曰：

老人五十五歲，夏四月入新安，……著選《佛譜》……五十六歲甲
午，於正月應豐南仁義院請，法施畢，出新安，二月後襄灑陀日，還靈
峰，夏臥病，選西齋淨土詩，製贊補入淨土九要，名《淨土十要》。夏竟，
病愈，七月述《儒釋宗傳竊議》，八月續閱大藏，九月成《閱藏知津》、《法
海觀瀾》二書。……乙未元旦有偈二首，二十日病復發，二十一日晨起
病止，午刻，趺坐繩牀角，向西舉手而逝，時生年五十七歲。〔註24〕

成時曰《閱藏知津》成書於五十六歲，甲午九月。《閱藏知津·敘》亦云：

凡歷龍居、九華、霞漳、溫陵、幽棲、石城、長水、靈峰八地，歷
年二十冀，始獲成稿。……甲午重陽後一日，北天目沙門釋智旭撰。〔註25〕

然此稱「始獲成稿」，僅能謂爲「初稿」。因《閱藏知津》〈雜藏～應收入藏此土撰
述〉四十五部經典，僅著錄經典題名，尚無解題。《閱藏知津》初稿完成後三個多
月，智旭即圓寂，享年五十七歲。雜藏～應收入藏此土撰述，四十五部經典，著
錄作者及卷數，應後人助益完成，即今日所見《閱藏知津》之貌。

第三節　智旭其它著作

智旭除《閱藏知津》外，另有多篇著作，弟子成時將其撰著分爲釋論部分與
宗論部分。

一、釋論部分

〈靈峰蕅益大師宗論序〉言：

〔註23〕同註4，上冊〈八不道人傳〉，頁33～34。
〔註24〕同註4，上冊〈蕅益大師續傳〉，頁35～37。
〔註25〕釋智旭《閱藏知津·敘》上冊，新文豐出版公司，民國62年6月初版，頁2。

　　　　諸疏外稿有七部，今輯爲全書。以文爲類，原在稿外別行者，亦
　　以次收入。按三藏，凡高僧撰述，悉入阿毗曇論藏，而有二種。專釋
　　一經者，曰「釋論」；概宗十二部經，自成名句文者，曰「宗論」。今
　　以釋論收靈峰諸疏，而七部稿總以宗論收之。合十大卷，分三十八子
　　卷。〔註26〕

智旭著作，專釋一經者，稱曰「釋論」；宗十二部經，自成名句之作者，稱曰「宗
論」。宗論共載錄十大卷，三十八子卷。〈靈峰蕅益大師宗論序說有小引〉又云：

　　　　先師著述，除宗論外，其釋論，則有《阿彌陀要解》一卷、《占察
　　玄疏》三卷、《楞伽義疏》十卷、《盂蘭新疏》一卷、《大佛頂玄文》十二
　　卷、《準提持法》一卷、《金剛破空論》附觀心釋二卷、《心經略解》一卷、
　　《法華會義十六卷》、《妙玄節要》二卷、《法華綸貫》一卷、《齋經科註》
　　一卷、《遺教解》一卷《梵網合註》八卷，後附〈授戒法〉、〈學戒法〉、〈梵
　　網懺法問辯〉共一卷、《優婆塞戒經受戒品箋要》一卷、《羯磨文釋》一
　　卷、《戒本經箋要》一卷、《毗尼集要》十七卷、《大小持戒犍度略釋》一
　　卷、《戒消災經略釋》一卷、《五戒相經略解》一卷、《沙彌戒要》一卷、
　　《唯識心要》十卷、《八要直解》八卷、《起信裂網疏》六卷、《大乘止觀
　　釋要》四卷、《大悲行法辯譌》一卷，附〈觀想偈略釋〉、〈法性觀〉、〈懺
　　壇軌式〉（三種）、《四十二章經解》一卷、《八大人覺經解》一卷、《占察
　　行法》一卷《禮地藏儀》一卷、《教觀綱宗》并〈釋義〉二卷《閱藏知津》
　　四十四卷、《法海觀瀾》五卷、《旃珊錄》一卷、《選佛譜》六卷、《重訂
　　諸經日誦》二卷、《周易禪解》十卷、《闢邪集》二卷，共四十七種。（板
　　俱在嘉興府棱嚴寺）是爲靈峰二論目錄，（《大記明呪行法》、《四書蕅益
　　解》未行）〔註27〕

可知其《釋論》部分共收錄著作四十七種，一百九十卷（不包括《大記明呪行法》、
《四書蕅益解》）。然據釋聖嚴《明末中國佛教之研究》曰：

　　　　屬於釋論的諸書，在〈八不道人傳〉中，據智旭自己的陳述，有二
　　十三種、一百十三卷，成時在《靈峰宗論》的〈序說〉中所列舉，則有
　　四十九種，一百九十八卷。此外，日本的上杉文秀在日本天台史續編列
　　表介紹智旭的著作，則達六十六種，二百三十八卷，而這些文獻之中屬
　　於《靈峰宗論》也不在少數，但是，因爲也有重複的部份，所以，確實

〔註26〕同註4，上冊〈靈峰蕅益大師宗論序〉，頁5。
〔註27〕同註4，上冊〈靈峰蕅益大師宗論序說〉，頁15。

的數字則很難定論。〔註28〕

按聖嚴所言：「成時在靈峰宗論的序說中所列舉，則有四十九種，一百九十八卷。」與成時〈靈峰蕅益大師論序說〉所說「釋論」部份共收錄著作四十七種，一百九十卷（不包括《大記明呪行法》、《四書蕅益解》）並不相符。即使加上《大記明呪行法》（一卷）和《四書蕅益解》（四卷），也是四十九種，一百九十五卷。因此可知聖嚴所得卷數必與〈靈峰蕅益大師宗論序說〉之卷數不同。聖嚴之資料乃依據〈八不道人傳〉、〈續傳〉、〈宗論的序說〉等資料為中心，再加上他所查證新發見部份。

茲將釋聖嚴之說〔註29〕，與《靈峰蕅益大師宗論序說》對校，以了解差異所在，茲列比較表如下：

編號	聖嚴釋經論題名	卷　數	成時釋經論題名	卷　數	備　註
01	占察經行法	1	占察行法	1	
02	梵網經懺悔行法	1	梵網懺法問辯	1	
03	持戒犍度略釋	1	大小持戒犍度略釋	1	
04	盂蘭盆經新疏	1	盂蘭新疏	1	
05	梵網經玄義	1	梵網合註後附授戒法、學戒法	8	
06	梵網經合註	7			
07	禮地藏菩薩懺願儀	1	禮地藏儀	1	
08	大佛頂經玄義	2	大佛頂經玄文	12	
09	大佛頂經文句	10			
10	般若心經釋要	1	心經略解	1	
11	齋經科註	1	齋經科註	1	
12	金剛經破空論	1	金剛破空論附觀心釋	2	
13	金剛經觀心釋	1			
14	法華玄義節要	2	妙玄節要	2	
15	妙法蓮華經綸貫	1	法華綸貫	1	
16	大乘止觀法門釋要	4	大乘止觀釋要	4	
17	闢邪集	2	闢邪集	2	

〔註28〕釋聖嚴《明末中國佛教之研究》臺灣學生書局，民國 77 年 11 月初版，頁 331。
〔註29〕同註28，頁 332～343。

18	四十二章經解	1	四十二章經解	1	
19	八大人覺經解	1	八大人覺經解	1	
20	遺教經解	1	遺教解	1	
21	周易禪解	10	周易禪解	10	
22	成唯識論觀心法要	10	唯識心要	10	
23	八識規矩頌直解	1	八要直解	8	
24	唯識三十論直解	1			
25	百法明門論直解	1			
26	因明入正理論直解	1			
27	唐奘師眞唯識量直解	1			
28	觀所緣緣論直解	1			
29	觀所緣緣論釋直解	1			
30	六離合釋法式略頌	1			
31	阿彌陀經要解	1	阿彌陀要解	1	
32	四書澫益解	4	（未行）		
33	法華會義	16	法華會義	16	
34	占察經義疏	1	占察玄疏	3	
35	占察經義疏	2			
36	重治毗尼事義集要	17	毗尼集要	17	
37	菩薩戒本經箋要	1	戒本經箋要	1	
38	楞伽經玄義	1	棱伽義疏	10	
39	楞伽經義疏	9			
40	大乘起信論裂網疏	6	起信裂網疏	6	
41	選佛譜	6	選佛譜	6	
42	閱藏知藏	44	閱藏知藏	44	
43	法海觀瀾	5	法海觀瀾	5	
44	沙彌十戒威儀錄要	1	沙彌戒要	1	
45	菩薩戒羯磨文釋	1	羯磨文釋	1	
46	教觀綱宗	1	教觀綱宗並釋義	2	
47	教觀綱宗釋義	1			

48	毗尼後集問弁	1			
49	在家律要廣集	3	優婆塞戒經受戒品箋要	1	
			五戒相經略解	1	
			戒消災經略釋	1	
50	律要後集	1			
	宗鏡錄刪正				聖嚴闕
	袁子	1			聖嚴闕
	準提持法	1	準提持法	1	聖嚴闕
	大悲行法弁偽	1	大悲行法辯偽	1	聖嚴闕
	大記明咒行法	1	（未行）		聖嚴闕
	旃珊錄	1	旃珊錄	1	聖嚴闕
	重訂諸經目誦	2	重訂諸經目誦	2	聖嚴闕
合　計		198		190	

由上表統計可知，聖嚴所言成時卷數應有誤。而據聖嚴研究：「實際上，智旭的釋論，其現存本的總數量，大約是在五十種一百九十卷。」〔註30〕可知蕅益《釋論》，其部分著作目前已闕。

　　蕅益《釋論》內容以經典的釋論爲主，還包含宗教實踐的基礎、教理立論的思想。而《閱藏知津》和《法海觀瀾》二書，則是智旭提供畢生閱藏成果的「藏經提要」與「閱藏指導」，是其非常重要的著作。

二、宗論部分

　　〈靈峰蕅益大師宗論序〉曰：

　　　　諸疏外稿有七部……合十大卷。分三十八子卷。〔註31〕

成時將蕅益的七種文集，十大卷，三十八子卷，重新分類編纂後刊行。但據聖嚴研究，實際上應是八種文集，聖嚴曰：

　　　　實際上是八種文集，不論如何，成時何以卻述謂七部稿呢？就這一
　　　　點，可能是蕅益編成其最後的遺作《幻住雜編》以後，不久，智旭即已
　　　　示寂。〔註32〕

〔註30〕同註25，頁345。
〔註31〕同註27。
〔註32〕同註28，頁366。

依聖嚴說法,《幻住雜編》撰作不久,智旭即圓寂,故未及印行,蓋成時亦未見此文集。

〈靈峰蕅益大師宗論序說〉有云:

> 文以類出,取便耳,非以文體也。見文則昧道,因文則明道,達文
> 則證道。證道,而後知文無體也。〔註33〕

可知成時是依文章內容的相似來分類,而非文章的體裁。據《蕅益大師全集》中所錄,共分二十八類:願文、法語、答問、普說、茶話、說、文、偶錄、解、書柬、論、辯、議、記、緣起、序、題跋、疏、傳、壽序、塔誌銘、祭文、頌、銘、箴、詞、贊、詩偈。比例最高之著作內容則為:法語、詩偈、序、題跋、願文、書柬。「法語」、「答問」、「書柬」是智旭的教學思想,「願文」則是智旭的佛教信仰,「詩偈」則是表達智旭的生活情趣及其生活背景。從這些著作內容中,將可幫助我們更了解智旭的思想。

三、著作特色

從前述智旭釋論與宗論著作數量之豐富,可知智旭對佛教教義的研究相當深入,方能有自己獨到的見解,進而駁斥邪說,捍衛教義。據聖嚴研究,其著作思想所表達的特色,有下列五點〔註34〕:

1. 禪教合一
2. 宗教合一
3. 見地與修證
4. 信解行的次第先後
5. 教觀雙修

智旭無論在禪教、宗教和教觀方面,皆以教義為優先的原則,這也是其一生專心於著作時所依據的。從智旭著作內容可以看出,他一直致力於佛教實踐、佛教傳播和佛理研究,還甄選了一些淨宗名家與學者的著作,合成《淨土十要》一書,為後世淨業學者必讀之經典佳作。而後人於智旭著作集中取出有關論述淨土的論著,而編成《蕅益大師淨土集》,有心探研智旭思想者可從中窺其全貌。

而智旭《閱藏知津》一書,即顯示他對佛教各宗派及各經典教義皆有深入研究,在此基礎之上,方能將龐大的佛典經藏,作有系統的整理,提供閱者知佛識佛的方向。若非真正下過苦工研讀,必定難有此成果。

〔註33〕同註4,上冊〈靈峰蕅益大師宗論序說〉,頁9。
〔註34〕同註28,頁 322~323。

四、《蕅益大師全集》

　　佛教出版社依據弘一大師所撰之《蕅益大師年譜》，將有關智旭遺著諸書目錄收集，編入該社出版之《蕅益大師全集》中，但仍有〈準提持法〉一卷、〈大記明咒行法〉一卷、〈重訂諸經日誦〉二卷、〈大悲行法辯熀爲譌〉一卷、〈旃珊錄〉一卷、〈孟子〉一卷等六種已失傳，無法蒐集齊全。茲將《蕅益大師全集》子目附錄如下，以供參考。

《蕅益大師全集》目錄			
一、閱藏知津	四十四卷	二、法海觀瀾	五卷
三、佛說阿彌陀經要解	一卷	四、占察經玄義	一卷
五、占察經義疏	二卷	六、楞伽經玄義	一卷
七、楞伽經義疏	十卷	八、楞嚴經玄義	二卷
九、楞嚴經文句	十卷	十、金剛經破空論	二卷
十一、般若心經釋要	一卷	十二、金剛經觀心釋	一卷
十三、佛遺教經解	一卷	十四、四十二章經解	一卷
十五、八大人覺經解	一卷	十六、盂蘭盆經新疏	一卷
十七、妙玄節要	一卷	十八、法華經綸貫	一卷
十九、法華會義	十六卷	二十、梵網經玄義	一卷
二一、梵網經合註	七卷	二二、菩薩戒本經箋要	一卷
二三、菩薩戒羯磨文釋	一卷	二四、重訂受菩薩戒法	一卷
二五、學菩薩戒法	一卷	二六、毘尼後集問辯	一卷
二七、優婆塞戒經受戒品箋要	一卷	二八、五戒相經箋要	一卷
二九、佛說齋經科註	一卷	三十、戒消災經略釋	一卷
三一、成唯識論觀心法要	十卷	三二、起信論裂網疏	六卷
三三、相宗八要直解	九卷	三四、大乘止觀法門釋要	六卷
三五、教觀綱宗	一卷	三六、教觀綱宗釋義	一卷
三七、靈峰宗論	三十八卷	三八、天學初徵（闢邪集）	一卷
三九、天學再徵（闢邪集）	一卷	四十、見聞錄	一卷
四一、選佛譜	六卷	四二、梵網經懺悔行法	一卷
四三、占察善惡業報經行法	一卷	四四、讚禮地藏菩薩懺願儀	一卷
四五、四書蕅益解	三卷	四六、周易禪解	十卷
四七、蕅益大師年譜	一卷	四八、蕅益大師文選	一卷
四九、重治毘尼事義集要	十七卷	五十、四分律大小持戒犍度略釋	一卷
五一、沙彌十戒威儀錄要	一卷		

第三章 《閱藏知津》內容與特色

　　同爲目錄之學，《閱藏知津》自有獨特之體例架構。同爲解題之書，《閱藏知津》自有其獨特之見解及資料取捨之剪裁功夫。首先針對其內容範圍作剖析，其對《永樂南藏》經典有所取捨，對《永樂北藏》經典亦有所剪裁，並非照單全收，且有新增入者。此爲其特色之一，於第一節中介紹。

　　第二節介紹《閱藏知津》之體例特色。前人對藏經之編排多依唐‧智昇《開元釋教錄》爲「他山之石」。再者則依明‧寂曉之《大明釋教彙目義門》爲樣板。智旭依釋寂曉之體例及經藏分類理念，以五時判教爲經藏分類依據，除經、律、論三藏外，另有一「雜藏」，收錄前三藏外之西土與此方撰作。

　　第三節則介紹其解題之特色。每部著作皆有其特殊之體例，《閱藏知津》亦然。此節針對智旭對經典目錄資料之編排方式，作一全面性說明，並對其重要經典之解題方式作探討。以下分別敘說之。

第一節 《閱藏知津》內容範圍

　　智旭於《閱藏知津》〈敘〉、〈凡例〉中，並未提到其內容範圍。考其解題方式，得知智旭作經典解題時，於每經典之下標註南藏及北藏之函號，例一：「《佛說大乘同性經》二卷　南大、北慕」〔註1〕，表示此佛典，於《永樂南藏》置之「大」字函號中，而《永樂北藏》置之「慕」字函號中。例二：「《般若波羅密多心經》十六行半　翔」〔註2〕，表示此佛典，在《永樂南藏》與《永樂北藏》，同

〔註1〕明‧釋智旭《閱藏知津》上冊，新文豐出版公司，民國62年6月初版，卷七，方
　　　　等部，頁4。
〔註2〕同註1，中冊，卷二十三，般若部，頁21。

爲「翔」字函號。例三:「《大明三藏法數》四十卷　北昆池碣石、南（缺）」〔註3〕,表示此佛典,放置於《永樂北藏》「昆池碣石」字函號中,《永樂南藏》則缺此佛典。例四:「《續傳燈錄》三十六卷　南合濟弱扶、北（缺）」〔註4〕,表示此佛典置於《永樂南藏》「合濟弱扶」字函號中,〈永樂北藏〉則缺此佛典。例五:「《釋摩訶衍論》十卷　元藏笙字號,南北藏俱（缺）」〔註5〕,表示此佛典於《永樂南藏》及《永樂北藏》皆無;此佛典於《元藏》〔註6〕置於「笙」字函號中。綜合上述五例,推論《閱藏知津》,大體以南藏及北藏之佛典,作解題依據。然亦有特例者,故南藏、北藏所收錄之佛典數量,不能作爲《閱藏知津》收錄之數量依據。

　　《南藏》,即《永樂南藏》。《閱藏知津》雜藏中有收錄:「《大明重刊三藏聖教目錄》,三卷」〔註7〕,智旭解題爲:「即南藏目錄,分十七科」。《法寶總目錄》第二冊,收錄「大明三藏聖教南藏目錄」〔註8〕,故由此推知,《法寶總目錄》所收之《大明三藏聖教南藏目錄》一卷,即是《永樂南藏目錄》。北藏,即《永樂北藏》。《法寶總目錄》第二冊,載有《大明三藏聖教北藏目錄》〔註9〕四卷,此即是《永樂北藏目錄》。

　　智旭《閱藏知津》所收錄經典範圍,依其所標示之南、北藏函號檢核,除了大體以南、北藏爲主體外,仍有收錄非載錄於南、北藏之經典。

　　按《法寶總目錄》所收《大明三藏聖教南藏目錄》,共收錄佛典一千六百一十部。《大明三藏聖教北藏目錄》共收錄佛典一千六百一十五部。從智旭《閱藏知津》所收錄經典之南北函號檢核,其中有南藏所缺之經典、有北藏所缺之經典及南、北藏俱缺之經典,由此推知,《閱藏知津》所收錄之經典數量,超過南藏及北藏。茲將其異於南、北藏之部分詳予列舉。下列表格備註欄中,卷號及頁碼爲《閱藏知津》之經典資料,括號內之數字爲附錄一經典之流水序號。

〔註3〕同註1,下冊,卷四十三,此方撰述—纂集,頁10。

〔註4〕同註1,下冊,卷四十二,此方撰述—禪宗,頁10

〔註5〕同註1,下冊,卷三十九,此土大乘諸論釋,頁14。

〔註6〕元·如瑩撰《杭州路餘杭縣白雲宗南山大普寧寺大藏經目錄》收錄於《法寶總目錄》第二冊,新文豐出版公司,民國91年修訂版,一版四刷,頁239～270。

〔註7〕同註1,下冊,卷第四十四,此方撰述—目錄,頁13。

〔註8〕《大明三藏聖教南藏目錄》收錄於《法寶總目錄》第二冊,新文豐出版公司,民國91年修訂版,一版四刷,頁331～359。

〔註9〕《大明三藏聖教北藏目錄》收錄於《法寶總目錄》第二冊,新文豐出版公司,民國91年修訂版,一版四刷,頁271～299。

一、《閱藏知津》標示《永樂南藏》與《永樂北藏》所缺之佛典

（一）《閱藏知津》中，函號標示「南（缺）」之佛典共九部〔註10〕，如下

編號	經典題名	南藏函號	備　註
01	觀世音菩薩普門品	草	中冊，卷第 24，法華部，頁 4（798）
02	楞伽阿跋多羅寶經註解	主	下冊，卷第 35，此土大乘釋經論，頁 4（1270）
03	金剛般若波羅密多經註解	主	下冊，卷第 36，此土大乘釋經論，頁 1（1284）
04	般若波羅密多心經註解	主	下冊，卷第 36，此土大乘釋經論，頁 2（1288）
05	大明三藏法數	昆池碣石	下冊，卷第 43，此方撰述—纂集，頁 10（1630）
06	神僧傳	城	下冊，卷第 43，此方撰述—傳記，頁 15（1646）
07	大明太宗文皇帝御製序文	主	下冊，卷第 44，此方撰述～序讚詩歌，頁 14（1678）
08	諸佛世尊如來菩薩尊者神僧名經	云亭雁門	下冊，卷第 44，此方撰述～序讚詩歌，頁 14（1679）
09	諸佛世尊如來菩薩尊者神僧名稱歌曲	紫塞雞田赤	下冊，卷第 44，此方撰述～序讚詩歌，頁 14（1680）

（二）《閱藏知津》中，函號標示「北藏（缺）」之佛典共七部〔註11〕，如下

編號	經典題名	北藏函號	備　註
01	大方廣圓覺脩多羅了義經疏	石	下冊，卷第 35，此土大乘釋經論，頁 4（1267）
02	般若波羅密多心經集註	石	下冊，卷第 36，此土大乘釋經論，頁 2（1287）
03	續傳燈錄	合濟弱扶	下冊，卷第 42，此方撰述—禪宗，頁 10（1582）

〔註10〕請參閱附錄一，備註欄符號「H」之經典。
〔註11〕請參閱附錄一，備註欄符號「I」之經典。

04	禪宗頌古聯珠通集	雞田赤	下冊，卷第 42，此方撰述—禪宗，頁 12（1587）
05	古尊宿語錄	密勿多士	下冊，卷第 42，此方撰述—禪宗，頁 13（1589）
06	佛祖統紀	城昆池碣	下冊，卷第 43，此方撰述—傳記，頁 11（1635）
07	大明重刊三藏聖教目錄	塞	下冊，卷第 44，此方撰述～目錄，頁 13（1677）

依《閱藏知津》所載，〈永樂南藏〉缺錄九部，〈永樂北藏〉缺錄七部。

二、檢核《閱藏知津》與《永樂南藏》、《永樂北藏》，三者相異如下

（一）《閱藏知津》有經典題名，《永樂南藏》缺〔註12〕

編號	經典題名	閱藏知津南藏函號	法寶總目錄南藏函號	備 註
01	佛說須賴經	忘	缺此佛典	上冊，卷第 3，方等顯說部，頁 14（52）
02	三劫三千諸佛名經	長	無此佛典	上冊，卷第 5，方等顯說部，頁 12～13（118）
03	相續解脫如來所作隨順處了義經	敢	無此佛典	上冊，卷第 6，方等顯說部，頁 12（174）
04	拔一切業障根本得生淨土陀羅尼	貞	無此佛典	中冊，卷第 14，方等密呪經，頁 30（682）
05	瑜伽集要燄口施食儀起教阿難陀緣由	淵	無此佛典	中冊，卷第 15，方等密呪儀軌，頁 16（763）
06	金剛般若波羅密經	羽	缺此佛典	中冊，卷第 23，般若部，頁 19（780）
07	金剛般若波羅密經	羽	缺此佛典	中冊，卷第 23，般若部，頁 19（781）
08	能斷金剛般若波羅密多經	翔	無此佛典	中冊，卷第 23，般若部，頁 19（784）
09	雜阿含經	聽	缺此佛典	下冊，卷第 27，小乘經藏，頁 9（943）

〔註12〕請參閱附錄一，備註欄符號「F」之經典。

10	佛說五無返復經	孝	**缺此佛典**	下冊，卷第 31，小乘經藏，頁 9（1062）
11	菩薩善戒經	仕攝	**缺此佛典**	下冊，卷第 32，大乘律藏，頁 3（1138）
12	四分戒本	姑	**缺此佛典**	下冊，卷第 33，小乘律藏，頁 2（1167）
13	佛說齋經	福	**缺此佛典**	下冊，卷第 33，小乘律藏，頁 9（1225）
14	金剛般若波羅密經論	弗	**缺此佛典**	下冊，卷第 34，西土大乘釋經論，頁 9（1252）
15	妙法蓮華經論優波提舍	離	無此佛典	下冊，卷第 34，西土大乘釋經論，頁 9（1256）
16	攝大乘論	物	**缺此佛典**	下冊，卷第 37，西土大乘宗經論，頁 16（1311）
17	楞伽經唯識論	都	無此佛典	下冊，卷第 37，西土大乘宗經論，頁 16（1312）
18	大乘起信論	邑	**缺此佛典**	下冊，卷第 37，西土大乘宗經論，頁 20（1329）
19	雜譬喻經	所	**缺此佛典**	下冊，卷第 38，西土大乘宗經論，頁 18（1389）
20	佛三身讚	興	無此佛典	下冊，卷第 38，西土大乘宗經論，頁 18（1393）
21	聖者文殊師利發菩提心願文	思	無此佛典	下冊，卷第 38，西土大乘宗經論，頁 19（1399）
22	攝大乘論釋	操好	**缺此佛典**	下冊，卷第 39，此土大乘諸論釋，頁 13（1418）
23	攝大乘論釋	堅	**缺此佛典**	下冊，卷第 39，此土大乘諸論釋，頁 13（1419）
24	攝大乘論釋	雅	**缺此佛典**	下冊，卷第 39，此土大乘諸論釋，頁 13（1420）
25	大明仁孝皇后夢感佛說第一希有大功德經	大	無此佛典	下冊，卷第 41，雜藏—西土撰述，頁 12（1544）
26	法華三昧行事運想補助儀	實	無此佛典	下冊，卷第 42，雜藏—此土撰述—懺儀，頁 3（1548）

（二）《閱藏知津》有經典題名，《永樂北藏》缺〔註13〕

編號	經典題名	閱藏知津 北藏函號	法寶總目錄 北藏函號	備　註
01	佛說須賴經	忘	缺此佛典	上冊，卷第3，方等顯說部，頁14（52）
02	三劫三千諸佛名經	長	無此佛典	上冊，卷第5，方等顯說部，頁12～13（118）
03	佛說大方廣曼殊室利經觀自在菩薩儀軌經	止	無此佛典	中冊，卷第14，方等密呪部，頁8（591）
04	瑜伽集要燄口施食儀起教阿難陀緣由	漆	無此佛典	中冊，卷第15，方等密呪儀軌，頁16（763）
05	金剛般若波羅密經	羽	缺此佛典	中冊，卷第23，般若部，頁19（780）
06	金剛般若波羅密經	羽	缺此佛典	中冊，卷第23，般若部，頁19（781）
07	能斷金剛般若波羅密多經	翔	無此佛典	中冊，卷第23，般若部，頁19（784）
08	佛說五無返復經	當	缺此佛典	下冊，卷第31，小乘經藏，頁9（1062）
09	菩薩善戒經	辭	缺此佛典	下冊，卷第32，大乘律藏，頁3（1138）
10	四分戒本	外	缺此佛典	下冊，卷第33，小乘律藏，頁2（1167）
11	苾蒭習略法	夫	無此佛典	下冊，卷第33，小乘律藏，頁6（1201）
12	佛說齋經	福	缺此佛典	下冊，卷第33，小乘律藏，頁9（1225）
13	攝大乘論	物	缺此佛典	下冊，卷第37，西土大乘宗經論，頁16（1311）
14	大乘起信論	邑	缺此佛典	下冊，卷第37，西土大乘宗經論，頁20（1329）
15	聖者文殊師利發菩提心願文	澄	無此佛典	下冊，卷第38，西土大乘宗經論，頁19（1399）

〔註13〕請參閱附錄一，備註欄符號「G」之經典。

16	攝大乘論釋	操好	**缺此佛典**	下冊,卷第 39,此土大乘諸論釋,頁 13(1418)
17	攝大乘論釋	堅	**缺此佛典**	下冊,卷第 39,此土大乘諸論釋,頁 13(1419)
18	攝大乘論釋	雅	**缺此佛典**	下冊,卷第 39,此土大乘諸論釋,頁 13(1420)
19	大乘百法明門論解	敦	無此佛典	下冊,卷第 39,此方大乘諸論釋,頁 18(1440)
20	阿彌陀經不思議神力傳	貞	無此佛典	下冊,卷第 42,此方撰述—淨土,頁 6(1564)
21	定慧相資歌	素	無此佛典	下冊,卷第 42,此方撰述—禪宗,頁 14(1593)
22	警世	素	無此佛典	下冊,卷第 42,此方撰述—禪宗,頁 14(1594)
23	金師子章雲間類解	百	無此佛典	下冊,卷第 42,此方撰述—賢首宗,頁 17(1607)
24	註華嚴七字經題法界觀門三十頌	史	無此佛典	下冊,卷第 42,此方撰述—賢首宗,頁 18(1611)

　　《閱藏知津》將同名之經典,依樣載錄,《永樂南藏》及《永樂北藏》則只錄一經,因而在佛典數字統計上,南北藏會短缺,上述表格以「缺此佛典」標註。標「無此佛典」之佛典,即是《永樂南藏》及《永樂北藏》所缺錄之佛典。綜上表格之佛典數目,《永樂南藏》缺錄二十六部;《永樂北藏》少載二十四部。

三、《閱藏知津》標示「南北藏俱(缺)」之佛典共有六部〔註14〕,如下

編號	經典題名	元藏函號	備　　註
01	維摩詰所說經疏	謙	下冊,卷第 35,此土大乘釋經論,頁 5(1272)
02	維摩詰所說經記	謹	下冊,卷第 35,此土大乘釋經論,頁 5(1273)
03	肇論		下冊,卷第 39,此土大乘宗經論,頁 1(1403)
04	六妙門禪法	謹	下冊,卷第 39,此土大乘宗經論,頁 10(1409)
05	觀心論		下冊,卷第 39,此土大乘宗經論,頁 12(1415)
06	釋摩訶衍論	笙	下冊,卷第 39,此土大乘諸論釋,頁 14(1425)

〔註14〕請參閱附錄一,備註欄符號「J」之經典。

四、《閱藏知津》無標註函號之佛典〔註15〕

編號	經典題名	閱藏知津	法寶總目永樂南藏	法寶總目永樂北藏	備註
01	梵本大悲神呪	無函號	竟	無此佛典	中冊，卷第 14，方等密呪部，頁 28（671）
02	修大方廣佛華嚴法界觀門	已乏單本	無此佛典	無此佛典	下冊，卷第 42，此方撰述─賢首宗，頁 15（1602）
03	華嚴金師子章	未有別行	無此佛典	百	下冊，卷第 42，此方撰述─賢首宗，頁 16（1606）
04	眞唯識量	無函號	無此佛典	無此佛典	下冊，卷第 42，此方撰述─慈恩宗，頁 19（1612）
05	六離合釋	附補註後	無此佛典	無此佛典	下冊，卷第 42，此方撰述─慈恩宗，頁 19（1614）

　　《梵本大悲神呪》於《永樂南藏》中有載錄，《華嚴金師子章》在《永樂北藏》中有載錄，故永樂南北二藏，各少錄了四部經典。

五、在檢核《閱藏知津》與《永樂南藏》、《永樂北藏》函號，發現《永樂南藏》缺某些函號；《永樂北藏》多「大明萬曆十二年十一月二十日續入藏諸集」。

（一）《永樂南藏》缺函號之佛典，如下表〔註16〕

編號	經典題名	知津函號	法寶總目錄南藏函號	備註
01	大方廣佛華嚴經疏鈔	稷稅熟	無此函號	下冊，卷第 35，此土大乘釋經論，頁 2（1262）
02	大方廣圓覺脩多羅了義經略疏之鈔	治本於	無此函號	下冊，卷第 35，此土大乘釋經論，頁 3（1266）
03	維摩詰所說經註	務	無此函號	下冊，卷第 35，此土大乘釋經論，頁 4（1271）
04	大佛頂首楞嚴經會解	邈	無此函號	下冊，卷第 35，此土大乘釋經論，頁 8（1279）
05	金剛經疏論纂要	農	無此函號	下冊，卷第 36，此土大乘釋經論，頁 1（1282）

〔註15〕請參閱附錄一，備註欄符號「E」之經典。
〔註16〕請參閱附錄一，備註欄符號「K」之經典。

06	釋金剛經刊定記	農	無此函號	下冊，卷第36，此土大乘釋經論，頁1（1283）
07	妙法蓮華經要解	曠遠	無此函號	下冊，卷第36，此土大乘釋經論，頁15（1293）
08	寶藏論	敦	無此函號	下冊，卷第39，此土大乘宗經論，頁1（1403）
09	華嚴懸談會玄記	鉅野洞庭	無此函號	下冊，卷第39，此土大乘諸論釋，頁4（1427）
10	大乘百法明門論解	敦	無此函號	下冊，卷第39，此土大乘諸論釋，頁18（1440）
11	大乘起信論疏	巖	無此函號	下冊，卷第39，此土大乘諸論釋，頁18（1441）
12	大乘起信論疏筆削記	巖岫	無此函號	下冊，卷第39，此土大乘諸論釋，頁18（1442）
13	肇論新疏游刃	杳冥	無此函號	下冊，卷第39，此土大乘諸論釋，頁19（1443）
14	蓮宗寶鑑	素	無此函號	下冊，卷第42，此方撰述—淨土，頁6（1563）
15	天台四教儀集註	稼	無此函號	下冊，卷第42，此方撰述～台宗，頁6（1579）
16	禪宗正脈	勸賞	無此函號	下冊，卷第42，此方撰述—禪宗，頁12（1586）
17	黃蘗山斷際禪師傳心法要	素	無此函號	下冊，卷第42，此方撰述—禪宗，頁13（1590）
18	萬善同歸集	史	無此函號	下冊，卷第42，此方撰述—禪宗，頁14（1591）
19	唯心訣	素	無此函號	下冊，卷第42，此方撰述—禪宗，頁14（1592）
20	定慧相資歌	素	無此函號	下冊，卷第42，此方撰述—禪宗，頁14（1593）
21	警世	素	無此函號	下冊，卷第42，此方撰述—禪宗，頁14（1594）
22	眞心直說	敦	無此函號	下冊，卷第42，此方撰述—禪宗，頁15（1599）
23	高麗國普照禪師修心訣	敦	無此函號	下冊，卷第42，此方撰述—禪宗，頁15（1600）
24	禪宗決疑集	素	無此函號	下冊，卷第42，此方撰述—禪宗，頁15（1601）
25	禪源諸詮集都序	敦	無此函號	下冊，卷第42，此方撰述—賢首宗，頁17（1608）

26	華嚴原人論解	茲	無此函號	下冊，卷第42，此方撰述—賢首宗，頁18（1610）
27	八識規矩補注	敦	無此函號	下冊，卷第42，此方撰述—慈恩宗，頁19（1613）
28	翻譯名義集	貢新	無此函號	下冊，卷第43，此方撰述—纂集，頁10（1629）
29	教乘法數	稱俶載南	無此函號	下冊，卷第43，此方撰述—纂集，頁10（1631）
30	禪林寶訓	黍	無此函號	下冊，卷第43，此方撰述—纂集，頁11（1632）
31	緇門警訓	陟	無此函號	下冊，卷第43，此方撰述—纂集，頁11（1633）
32	百丈清規	黜	無此函號	下冊，卷第43，此方撰述—纂集，頁11（1634）
33	佛祖歷代通載	畝我藝黍	無此函號	下冊，卷第43，此方撰述—傳記，頁12（1636）
34	鐔津文集	孟軻	無此函號	下冊，卷第44，此方撰述—護教，頁6（1658）
35	三教平心論	黜	無此函號	下冊，卷第44，此方撰述—護教，頁7（1661）
36	折疑論	茲	無此函號	下冊，卷第44，此方撰述—護教，頁8（1662）

（二）《永樂北藏》「大明萬曆十二年十一月二十日續入藏諸集」

1.《華嚴懸談會玄記》　　2.《妙法蓮華經要解》

3.《大佛頂萬行首楞嚴經會解》　4.《大乘起信論疏》

5.《大乘起信論疏筆削記》　6.《肇論新疏》

7.《肇論新疏游刃》　　8.《圓覺經界疏之鈔》

9.《金剛經疏論纂要》　　10.《釋金剛經刊定記》

11.《維摩詰所說經註》　　12.《華嚴原人論》

13.《折疑論》　　14.《天台四教儀集註》

15.《教乘法數》　　16.《佛祖歷代通載》

17.《禪林寶訓》　　18.《大方廣佛華嚴經疏鈔》

19.《翻譯名義集》　　20.《禪宗正脈》

21.《百丈清規》　　22.《三教平心論》

23.《緇門警訓》　　24.《鐔津文集》

25.《八識規矩百法明門論》　26.《禪源諸詮集》

27.《修心訣》　　　　　　　　28.《眞心直說》

29.《普僧肇法師寶藏論》　　　30.《盧山蓮宗寶鑑》

31.《永明智覺禪師唯心訣》　　32.《禪宗訣疑集》

33.《黃檗傳心法要》　　　　　34.《萬善同歸》

35.《華嚴法界觀通玄記頌註》　36.《大明仁孝皇后夢感佛說第一希有大功德經》

依上表所述，《永樂南藏》少用了四十一「函號」字，缺錄三十六部佛典。《永樂北藏》則因永曆年續入藏集，多了三十六部佛典。

六、智旭《閱藏知津》雜藏中，此方撰述之第十五類，名為「應收入藏此土撰述」。此四十五部佛典為《永樂南藏》、《永樂北藏》俱缺。

智旭書寫敘時，「應收入藏此土撰述」之佛典，僅載錄書名，尚無解題。過後三個月，智旭圓寂，故《閱藏知津》並未眞正完稿，此類佛典由後人補錄作者、譯者，成為今日之面貌，其細目為：（一）釋經類經典五部。（二）密宗類經典一部。（二）淨土類經典十部。（四）台宗類經典五部。（五）禪宗類經典十二部。（六）慈恩宗類經典一部。（七）纂集類經典四部。（八）傳記類經典二部。（九）護教類經典四部。（十）目錄類經典一部。

七、《大明三藏聖教南藏目錄》共載錄有一千六百一十部佛典，《大明三藏聖教北藏目錄》共載錄有一千六百一十五部佛典。校之智旭《閱藏知津》，發現有部分經典並未載錄。其細目製表如下：

（一）《永樂南藏》有著錄，《閱藏知津》缺載

編號	經典題名	《永樂南藏目錄》編號	《永樂南藏目錄》函號
01	梵書藥師瑠璃光七佛本願功德經	166	豈
02	過去莊嚴劫千佛名經	395	長
03	現在賢劫千佛名經	396	長
04	未來星宿劫千佛名經	397	長
05	金剛頂經五字心陀羅尼	475	行
06	佛說持錫杖法	681	尺
07	根本說一切有部毗奈耶事攝頌	1288	比
08	續薩婆多毗尼毘婆沙	1303	氣
09	略明般若末後一頌讚述	1318	弗
10	武周刊定僞經目錄	1593	秦
11	續大唐內典錄	1505	並嶽

（二）《永樂北藏》有著錄，《閱藏知津》缺載

編號	經典題名	《永樂北藏目錄》編號	《永樂北藏目錄》函號
01	番字藥師瑠璃光七佛本願功德經	169	惟
02	過去莊嚴劫千佛名經	401	己長
03	現在賢劫千佛名經	402	己長
04	未來星宿劫千佛名經	403	己長
05	根本說一切有部目得迦	1129	睦
06	續薩婆多毗尼毗婆沙	1131	夫
07	根本說一切有部毗奈耶雜事攝頌	1136	唱
08	略明般若末後一頌讚述	1225	虢
09	武周刊定眾經目錄	1604	泰
10	感應歌曲	1613	城
11	肇論新疏	1621	杳
12	華嚴法界觀通亦記頌註	1650	史

　　依《閱藏知津》總目校《永樂南藏》、及《永樂北藏》，發現智旭對於南北二藏之佛典，並未全收，有其取捨。上列二表即是智旭所捨而不錄之佛典，或因併入它經，故數目上短缺；或因偽經，或內容相近而不錄。故《永樂南藏》中，有十一部佛典《閱藏知津》不錄，《永樂北藏》中，有十二部佛典《閱藏知津》不載。

　　綜觀以上七大項之說明，對於《閱藏知津》所載錄之範圍，首先以《永樂南藏》核計。據《永樂南藏》所編碼之佛典，共有一千六百一十部，加上《閱藏知津》標註「南（缺）」之九部；《永樂南藏》缺錄之二十六部；兩藏「俱（缺）」之六部；《閱藏知津》未標函號之四部；《永樂南藏》無函號之三十六部；「應收入此土撰述」四十五部，共一千七百三十六部，減去智旭所捨錄之十一部，則知《閱藏知津》共載錄一千七百二十五部。

　　再以《永樂北藏》核校之，依《永樂北藏》經典編碼為一千六百一十五部，加上「北（缺）」經典七部；《永樂北藏》少錄之二十四部；兩藏「俱（缺）」六部；《閱藏知津》未標函號佛典四部；「永曆續入藏集」三十六部；「應收入此土撰述」四十五部，共為一千七百三十七部，減去智旭所捨錄之十二部，可知《閱藏知津》共錄一千七百二十五部佛典。

　　陳士強先生於《佛典精解》說：「《知津》所收佛典的總數為一千七百九部。」

〔註 17〕經過筆者以《永樂南藏》與《永樂北藏》相校，及「附錄一」作比較對照
表，《閱藏知津》所收錄佛典總數，應為一千七百二十五部，無誤。

第二節　《閱藏知津》撰作體例

智旭《閱藏知津》為大藏經解題之集大成者，體例分為「經藏」、「律藏」、「論
藏」、「雜藏」等四大類。智旭吸取前人大藏經解題分類編排之經驗，尤其以明‧
寂曉《大明釋教彙目義門》為借鏡，針對其優點稍作改變而沿襲之。寂曉首次打
破有唐以來之經藏分類法─唐‧智昇《開元釋教錄》經藏分類法，改以天台宗五
時判教分類法，智旭沿用此分類法，並稍作修改。

東吳沙門寂曉，打破歷代經藏分類編排之第一人。寂曉改以天台宗之五時判
教為典據，將所有佛典分為華嚴、阿含、方等、般若、法華、涅槃、陀羅尼、聖
賢著述等八大部。然智旭對天台五時判教之分類法雖認同，但對其中編法有不同
見解。故智旭《閱藏知津》之分類法是針對《大明釋教彙目義門》而有所取、捨。

取的部份有：（1）歷來經錄都是將般若部放於首，智昇《開元釋教錄》大乘
經藏亦是般若部排於首。寂曉《大明釋教彙目義門》改以華嚴部為首。（2）寂曉
將《開元釋教錄》中，「大乘經單重合譯」項下之寶積部、大集部及五大部外諸經，
合成一部，名為方等部。（3）法華部在《開元釋教錄》，分屬於五大部外諸經，寂
曉將其獨立出來。以上三點分類觀點，智旭皆從之。

捨的部份：（1）寂曉《大明釋教彙目義門》，雖分五時，但不分三藏，謂三藏
為小教，屬阿含時也。智旭覺得此法不妥，故仍照歷來的規式，大乘經錄與小乘
經錄，皆分經、律、論三藏。（2）寂曉《大明釋教彙目義門》之體例架構，首列
華嚴部，再敘阿含部，此雖符合天台宗五時判教之順序，卻在大小乘經藏排列上
有瑕疵，故智旭改將阿含部移於法華部及涅槃部之後。在經、律、論架構下，先
列大乘經錄，再敘小乘經錄。（3）寂曉《大明釋教彙目義門》中，分屬第七部之
陀羅尼部，是《開元釋教錄》及《閱藏知津》分類中所沒有的。《開元釋教錄》中
之密部經典，按其重譯或是單譯，被編入五大部外大乘重單譯經中。《大明釋教彙
目義門》則將密部獨立出來，編為「陀羅尼部」。而《閱藏知津》則是將密部經典，
當作大乘經之分支，將其編入「方等部」。以上四點，是智旭不同於寂曉之處。以
下針對《閱藏知津》之體例特色，分別介紹之：

〔註 17〕陳士強《佛典精解》建宏出版社，1995 年 7 月，初版一刷，頁 162～163。

一、依天台之五時判教編排經藏

智旭將經藏分爲大乘經藏與小乘經藏,大乘經藏又分華嚴部第一,方等部第二,般若部第三,法華部第四,涅槃部第五。另方等部又分爲方等顯說部、方等密部兩部分。方等密部則分爲方等密呪經、方等密呪儀軌兩部分;小乘經藏則不分部。智旭在知津凡例中說:

> 《義門》但分五時,不分三藏,謂三藏小教,但屬阿含一時也。然天台備明五時,各論通別,別則但約一類機緣,通則華嚴乃至涅槃,無不遍該一代。又從古判法,多分菩薩、聲聞兩藏,就兩藏中各具經律論三。〔註18〕

寂曉《大明釋教彙目義門》,以天台宗五時判教爲分類依據,不分經、律、論三藏,從華嚴部至聖賢著述,共八大類。此爲《大明釋教彙目義門》體例之主幹,三藏分別分佈於八大類中。智旭卻認爲五時判教,各有共通處與分別處,「通」則是華嚴至涅槃是釋迦佛陀成佛之過程,是一相互連帶關係。「別」則是五時分屬不同階段,故應分別出來。又古判法多分菩薩(大乘)、聲聞(小乘)兩藏,經、律、論分散於此兩藏中,故智旭《閱藏知津》之體例,經、律、論三藏,皆分大乘經典與小乘經典。智旭於《閱藏知津·凡例》中又說:

> 若據五時次第,則華嚴之後,應敘阿含,然以小教加於方等、般若之前,甚爲不可,故必大小各自爲類,庶顯權實輕重不同。〔註19〕

天台宗之五時判教順序爲華嚴時第一,阿含時第二,方等時第三,般若時第四,法華涅槃時第五。智旭認爲阿含爲小教也,分屬小乘經藏,應列於方等部及般若部等大乘經藏之後,這樣的順序才有權實輕重之分別。故智旭《閱藏知津》大乘經藏之順序爲華嚴部第一,方等部第二,般若部第三,法華部第四,涅槃部第五。阿含部則爲小乘經藏。大乘經藏分部甚細,小乘經藏則不分部。

大乘經藏中之密部有以華嚴爲名者,有以法華爲名者,亦有以般若爲名者,爲何統歸於密部中?智旭在《閱藏知津》凡例中有說:

> 據密部之中,亦有以華嚴爲名者,亦有以般若爲名者,亦有以法華爲名者,但既涉壇儀印呪,並屬祕密一宗。只此密宗,並是方等大教,並通四十九年所說故也。〔註20〕

智旭《閱藏知津》大乘經藏之方等部,分爲方等顯說與方等密呪;方等密呪又細分

〔註18〕同註1 上冊,〈閱藏知津凡例〉,頁4。
〔註19〕同註1 上冊,〈閱藏知津凡例〉,頁4。
〔註20〕同註1,上冊,〈閱藏知津凡例〉,頁4。

為方等密呪經及方等密呪儀軌。然方等密部中之經錄，亦有以華嚴為名者，如：「大方廣曼殊室利童真菩薩華嚴本教讚閻曼德迦忿怒王真言阿毗遮嚕迦儀軌品，唐北天竺沙門大廣智不空譯。」〔註21〕、「大乘方廣曼殊室利菩薩華嚴本教讚閻曼德迦忿怒王真言大威德儀軌品，唐北天竺沙門大廣智不空譯。」〔註22〕有以法華為名者，如：「成就妙法蓮華經王瑜伽觀智儀軌，唐北天竺沙門大廣智不空譯。」〔註23〕及以般若為名者，如：「大樂金剛不空真實三麼耶般若波羅密多理趣經，唐北天竺沙門大廣智不空譯。」〔註24〕「佛說觀想佛母般若波羅密多菩薩經，宋中印土沙門天息災譯。」〔註25〕以上所舉經錄，既是壇儀印呪，皆屬密部。五時判教歷時四十九年，大乘經藏密部，即包含了四十九年中五時五種階段之所有壇儀印呪。

智旭《閱藏知津》中，將法華、涅槃分屬二部分，與五時判教有異，智旭在《閱藏知津‧凡例》中有說：

　　法華、涅槃，雖同醍醐一味，而一重顯實，一重談常，故仍分二也。〔註26〕
五時判教中，法華、涅槃同屬第五時期。故智旭說法華、涅槃同醍醐一味。智旭認為法華時重顯實，涅槃時重談常，性質並不相同，不應同屬一類，故主張分為二。

歷代經藏分類編排，皆按唐‧智昇《開元釋教錄》規格。智昇將《開元釋教錄》別錄中之「有譯有本錄」，分為菩薩三藏錄（大乘）、聲聞三藏錄（小乘）及聖賢傳記錄。大乘經藏再細分般若、寶積、大集、華嚴、涅槃五大部，和五大部外諸經。小乘經藏則分為長阿含、中阿含、增一阿含、雜阿含四大部，和四大部外諸經。

以下分別列出《開元釋教錄》有譯有本錄之大小乘經藏、寂曉《大明釋教彙目義門》及智旭《閱藏知津》經藏體例架構圖比較之：

<hr>

〔註21〕同註1，中冊，卷十四，方等密部，頁4。
〔註22〕同註1 中冊，卷十四，方等密部，頁19～20。
〔註23〕同註1 中冊，卷十五，方等密部，頁6。
〔註24〕同註1 中冊，卷十一，方等密部，頁11。
〔註25〕同註1 中冊，卷十五，方等密部，頁5。
〔註26〕同註1 上冊，〈閱藏知津凡例〉，頁4。

（一）《開元釋教錄》有譯有本錄架構圖

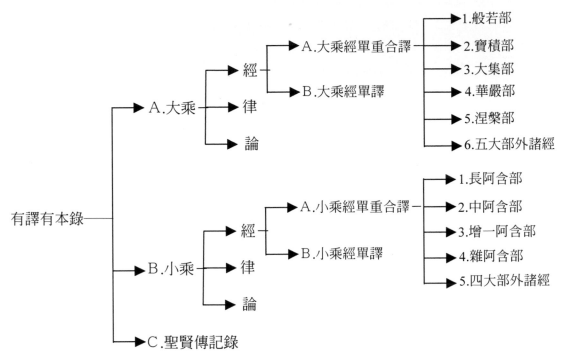

（二）《大明釋教彙目義門》架構圖

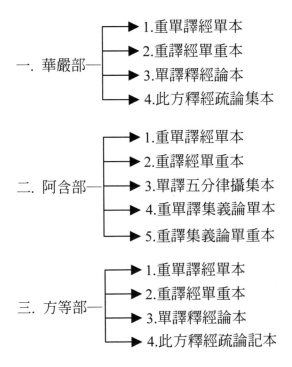

一. 華嚴部
1.重單譯經單本
2.重譯經單重本
3.單譯釋經論本
4.此方釋經疏論集本

二. 阿含部
1.重單譯經單本
2.重譯經單重本
3.單譯五分律攝集本
4.重單譯集義論單本
5.重譯集義論單重本

三. 方等部
1.重單譯經單本
2.重譯經單重本
3.單譯釋經論本
4.此方釋經疏論記本

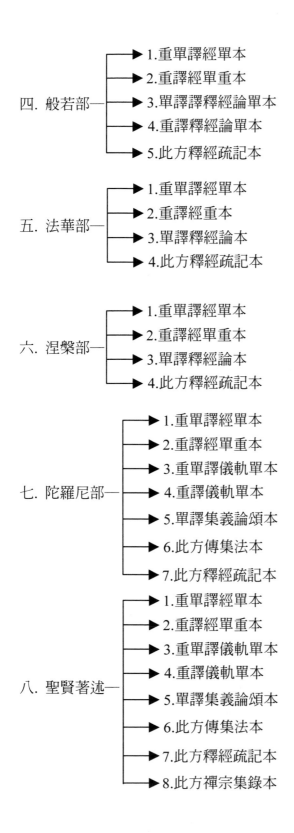

四. 般若部
1. 重單譯經單本
2. 重譯經單重本
3. 單譯譯釋經論單本
4. 重譯釋經論單本
5. 此方釋經疏記本

五. 法華部
1. 重單譯經單本
2. 重譯經重本
3. 單譯釋經論本
4. 此方釋經疏記本

六. 涅槃部
1. 重單譯經單本
2. 重譯經單重本
3. 單譯釋經論本
4. 此方釋經疏記本

七. 陀羅尼部
1. 重單譯經單本
2. 重譯經單重本
3. 重單譯儀軌單本
4. 重譯儀軌單本
5. 單譯集義論頌本
6. 此方傳集法本
7. 此方釋經疏記本

八. 聖賢著述
1. 重單譯經單本
2. 重譯經單重本
3. 重單譯儀軌單本
4. 重譯儀軌單本
5. 單譯集義論頌本
6. 此方傳集法本
7. 此方釋經疏記本
8. 此方禪宗集錄本

（三）《閱藏知津》經藏架構圖

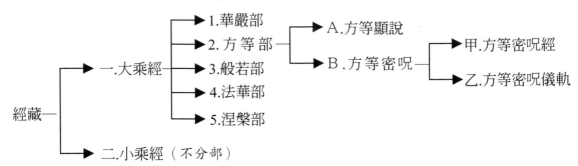

二、律藏分類

　　智旭《閱藏知津》中之「經」、「律」、「論」，皆細分爲菩薩藏（大乘），與聲聞藏（小乘）。大乘律，雜在方等諸經，小乘律則條然各別。對於律藏之體例編排，智旭於《閱藏知津・凡例》中有說：

　　　　　大乘律，本在諸經論中，不同小乘條然各別。今爲令學菩薩戒者，

　　　　易於尋究，故順歷代藏經舊例，仍列數種，而出沒取捨，略與舊目不同。〔註27〕

律藏經錄，聲聞律別部獨行，條然各別，但律藏並不局限於聲聞。大乘可以函蓋小乘，小乘則無法兼大乘。故大、小乘律藏之分別及安排，更顯重要。智旭又說，今爲令學菩薩戒者易於尋究。對於律藏的編排，順歷代藏經舊例，而選取內容有所不同。

三、大乘論分爲釋經論、宗經論、諸論釋三類

　　智旭《閱藏知津》中之論藏，依例依然粗分大、小乘，大乘論藏再細分爲釋經論、宗經論、諸論釋三類。此三類下各又區分「西土」、「此土」兩部，故《閱藏知津》大乘論藏共分爲六小類，小乘論藏則不分類。智旭於《閱藏知津》凡例中有說：

　　　　　大乘論藏，自有釋經、宗經、及轉釋諸論之不同，今故分爲三別。

　　　　三中又各先敘西土，後敘此土，所以尊天竺也。〔註28〕

佛教源於印度天竺，於東漢時傳入中國。從漢代開始便有了佛經譯本流傳，除了天竺的作品，經過時間洗禮，中國亦有本土的佛教典籍產生，故智旭將大乘論藏，除了依性質分爲釋經論、宗經論、諸論釋三部份，各論之下分西土與此土兩類。「西

〔註27〕同註1，上冊，〈閱藏知津凡例〉，頁5。
〔註28〕同註1，上冊，〈閱藏知津凡例〉，頁5。

土」代表佛教發源地—天竺，此土則指中國本土。智旭將「西土」放於「此土」之前，表示對「西土」的尊重，及強調「西土」著作之重要性。

智旭於凡例又說：

> 今謂兩土著作，不論釋經宗經，果是專闡大乘，則應攝入大論，專
> 闡小道，則應攝入小論。其或理兼大小，事涉世間，二論既不可收，故
> 應別立雜藏。〔註29〕

無論釋經、宗經，或諸論釋，凡闡述菩薩，即編入大乘論，專闡聲聞，就編入小乘論。若是無法判別爲大乘、小乘，理兼菩薩、聲聞，即編入雜藏。

對於「此土大乘論」之判別，智旭凡例曰：

> 此土釋大乘經，雖有巧拙淺深不同，然既附經文，不可攝入雜藏，
> 故並入論藏中。若《義門》各附經論之後，又似經論太無分別矣。〔註30〕

智旭認爲，「此土釋大乘經」，有巧有拙，然附有經文，不可編入雜藏中，故編入論藏。是則決非判別分類無章法矣。綜上所說，《閱藏知津》論藏體例架構圖如下：

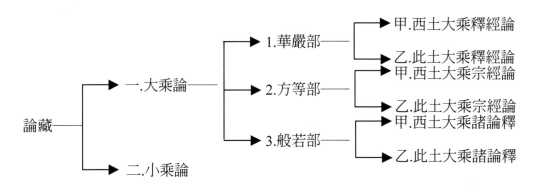

四、設立雜藏

「雜藏」顧名思義，雜多而廣博，智旭以《出曜經》說法爲依典，認爲佛典之分類，應設「雜藏」一類。《閱藏知津·凡例》中說：

> 若據《智度論》說，則凡後代撰述合佛法者，總可論藏所收。若據
> 《出曜經》說，則於經律論外，復有第四雜藏。今謂兩土著作，不論釋
> 經、宗經，果是專闡大乘，則應攝入大論，專闡小道，則應攝入小論。
> 其或理兼大小，事涉世間，二論既不可收，故應別立雜藏。〔註31〕

〔註29〕同註1，上冊，〈閱藏知津凡例〉，頁4～5。
〔註30〕同註1，上冊，〈閱藏知津凡例〉，頁5。
〔註31〕同註1，上冊，〈閱藏知津凡例〉，頁5。

智旭認爲無法歸編於大、小乘論藏者，應有一別於經、律、論之類別，故設立「雜藏」。「雜藏」亦分爲西土撰述與此土撰述二大類；「此土撰述」按宗派、文體、內容和新收入藏等幾種類別，再細分之，其目爲：1.懺儀，2.淨土，3.台宗，4.禪宗，5.賢首宗，6.慈恩宗，7.密宗，8.律宗，9.纂集，10.傳記，11.護教，12.音義，13.目錄，14.序讚詩歌，15.應收入藏此土撰述等十五類。另第十五項—應收入藏此土撰述，再細分爲（1）釋經，（2）密宗，（3）淨土，（4）台宗，（5）禪宗，（6）慈恩宗，（7）纂集，（8）傳記，（9）護教，（10）目錄等十細項。

　　雜藏包羅項目繁多，故曰「雜」，然分類之細密，井然有序，故「雜」，乃是指其項目繁多而言。智旭於《閱藏知津·凡例》有云：

　　　　西土撰述，但以義兼大小，或復事涉抄撮，故名爲雜。此方撰述，

　　則以諸家不同，體式亦異，故名爲雜。〔註32〕

「雜藏」所收的著作，即大乘論和小乘論已收之外的天竺佛教經典撰述，及大乘論已收之外的中國本土佛教經典撰述。「西土撰述」其義兼大小乘，或所述抄撮，故編入雜藏。此方撰述，依性質細分類別，分類甚細，體式各異，顧名思義，應入雜藏。「雜藏」體例清晰，其與經、律及論藏一般，皆爲獨立體系。然既取名爲「雜」，即是無法入前三藏之經錄之最佳歸屬者。智旭《閱藏知津·凡例》中有云：

　　　　此土述作，唯肇公及南嶽天台二師，醇乎其醇，眞不愧馬鳴、龍樹、

　　無著天親，故特收入大乘宗論，其餘諸師，或未免大醇小疵，僅可入雜

　　藏中。〔註33〕

智旭認爲，此土述作中，唯晉僧肇法師、陳南嶽思大禪師及天台智者大師之作，可說醇乎其醇，可比美馬鳴菩薩、龍樹菩薩、無著菩薩及天親菩薩，故特別收入大乘宗經論中。其餘大師之作，皆有大醇小疵之缺，所以僅可以入雜藏中。智旭於《閱藏知津·凡例》又云：

　　　　此土淨土宗，如《妙宗鈔》、《十疑論》等；台宗，如《玄義文句三

　　止觀》等；賢首，如《華嚴疏鈔》等，並已收入大乘論藏，故所列咸皆

　　無幾，俟法海觀瀾中，乃當備列各宗要書。〔註34〕

智旭認爲，「雜藏」此土撰述中，淨土宗、天台宗、禪宗、賢首宗、慈恩宗、密宗、律宗等七大宗，皆應廣列各宗要書。然因有些經錄已收錄於大乘論藏中，如淨土

〔註32〕同註1，上冊，〈閱藏知津凡例〉，頁5。
〔註33〕同註1，上冊，〈閱藏知津凡例〉，頁5。
〔註34〕同註1，上冊，〈閱藏知津凡例〉，頁5。

宗之「《佛說觀無量壽佛經疏妙宗鈔》，宋四明沙門知禮述」〔註35〕及「《淨土十疑論》，隋天台智者大師說」〔註36〕。天台宗之「《法華玄義釋籤》，唐天台沙門湛然述」〔註37〕、「《法華文句記》，唐天台沙門湛然述」〔註38〕、「《釋禪波羅密次第法門》，隋天台智者大師說，弟子法慎記，灌頂再治」〔註39〕、「《六妙門禪法》，天台大師於都下瓦官寺略出此法門」〔註40〕及「《摩訶止觀》，隋天台智者大師說，門人灌頂記」〔註41〕。賢首宗之「《大方廣佛華嚴經疏》，唐清涼山大華嚴寺沙門澄觀述」〔註42〕等。故上述之天台等三宗此土經錄，於雜藏此土撰述中，所編入之著作並不算多。淨土宗僅列四種，天台宗列十五種，賢首宗則列十種。

智旭《摩訶止觀》解題曰：「此之《止觀》，天台智者說己心中所行法門，天台傳南嶽三種《止觀》：一漸次（即《釋禪波羅密次第法門》），二不定（即《六妙門》，今已亡失。），三圓頓（即今《摩訶止觀》）。」〔註43〕故凡例中《三止觀》為：《釋禪波羅密次第法門》、《六妙門禪法》及《摩訶止觀》。

智旭《閱藏知津》—「雜藏」所收著作，體式各異，看似混雜，其實井然，層次分明。第十五細項—「應收入藏此土撰述」，依雜藏體例規則，細分為釋經，密宗，淨土，台宗，禪宗，慈恩宗，纂集，傳記，護教，目錄等十細項。分類、編排細心、謹慎，為前人所無，此既為學術之福，亦屬佛家功德也。

〔註35〕同註1，下冊，卷三十九，此土大乘諸論釋，頁14。
〔註36〕同註1，下冊，卷三十九，此土大乘宗經論，頁12。
〔註37〕同註1，下冊，卷三十九，此土大乘諸論釋，頁16〜17。
〔註38〕同註1，下冊，卷三十九，此土大乘諸論釋，頁17。
〔註39〕同註1，下冊，卷三十九，此土大乘宗經論，頁10。
〔註40〕同註1，下冊，卷三十九，此土大乘宗經論，頁10。
〔註41〕同註1，下冊，卷三十九，此土大乘宗經論，頁3。
〔註42〕同註1，下冊，卷三十五，此土大乘釋經錄，頁1。
〔註43〕同註1，下冊，卷三十九，此土大乘宗經論，頁3。

《閱藏知藏》雜藏體例架構圖如下：

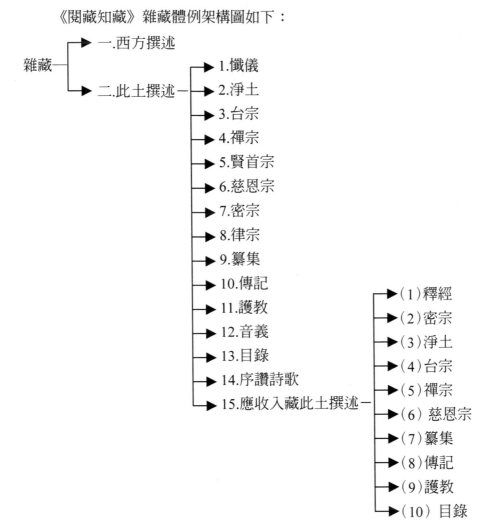

五、經典之譯本，選取巧譯者為主，其餘再依譯之巧拙分別標識之

智旭《閱藏知津》最大之學術價值，在於對經典之譯本有作評比，使閱者能依所需，選取最佳之譯本讀之。較之前人以時間為編排依據，更顯優越。智旭於《閱藏知津·凡例》有曰：

《義目》每於重單譯中，先取單本總列於前，後以重本別列於後，相去懸隔，查考稍難。又每以先譯為主，不分譯之巧拙，致令閱者不知去取。今選取譯之巧者一本為主，其餘重譯即列於後，俾不能徧閱者，但閱其一即可得旨。若能徧閱者，連閱多譯，便知巧拙之得失也。〔註44〕

〔註44〕同註1，上冊，〈閱藏知津凡例〉，頁6。

智旭對於《大明釋教彙目義門》之譯本編排方法不認同，認爲《義門》將譯本之單本總列於前，重本再列於後，造成閱者、讀者查考之困難。又寂曉以「先譯本」爲主，沒有優劣之區分，閱者無法有效取捨。故智旭改以巧譯本爲主，其餘則列於後，並對譯本之優劣有所評比，使讀者能取其巧譯者參閱。

　　寂曉《大明釋教彙目義門》，將譯本之單本置於前，重譯本再置於後。智昇《開元釋教錄》，則先敘重譯本，再說單本。以譯本之單或重作分類編排，其優點爲條理清晰，然對於讀者而言，此法並非好的編排法。不管先敘重譯本，後說單譯本，或是先說單譯本，再敘重譯本，其特色即以時間爲分類依據。以時間爲依據，從中能窺探學術史發展之痕跡，對學術亦是一大貢獻。若以內容爲主軸，依內容聯繫的疏密編排，並有巧拙之評比，對於讀者而言，直是一盞明燈。故寂曉與智旭此兩種譯本分類法，皆有其優缺點。

　　智旭對於譯本之編排，除了按內容爲主要分類依據外，另對於譯本之評比，更是前人所無。智旭於《閱藏知津》凡例中有云：

　　　　凡重譯本，於總目中，即低一字書之，使人易曉。至後錄中，則與
　　主本或全同，或稍異，仍備明之，使人知其或應並閱，或可不閱也。〔註45〕

智旭對於重譯本的編排方式，即於總目書寫經錄時，低一格書之，使讀者一目了然此本是否爲重譯本，例：

　　《維摩詰所說經》，姚秦天竺沙門鳩摩羅什譯〔註46〕

　　　《維摩詰經》，吳月支國優婆塞支謙譯〔註47〕

　　　《說無垢稱經》，唐大慈恩寺沙門釋玄奘譯〔註48〕

　　智旭於《說無垢稱經》後，註解「二經並與前同」字樣，表示《維摩詰經》與《說無垢稱經》爲《維摩詰所說經》之重譯本，且《維摩詰所說經》爲巧譯本。

第三節　《閱藏知津》解題特色

一、經藏及律藏各部之首皆有「述曰」，闡述收錄經典的範圍及各部之主旨
　　（一）大乘經藏　華嚴部

〔註45〕同註1，上冊，〈閱藏知津凡例〉，頁6。
〔註46〕同註1，上冊，卷第六，方等部，頁5。
〔註47〕同註1，上冊，卷第六，方等部，頁6。
〔註48〕同註1，上冊，卷第六，方等部，頁6。

述曰：華嚴一部，別則剋指初成，通乃該乎一代。凡屬顯示稱性法門，不與二乘共者，咸歸此部，即如入法界品，是誠證也。〔註49〕

華嚴部所收經藏，為五時之第一時，即入法界品也。探究佛學之第一步。

（二）大乘經藏　方等顯說部

述曰：方等亦名方廣，於十二分教中，十一並通大小，此唯在大，蓋一代時教，統以二藏收之，一聲聞藏，二菩薩藏。阿含、毗尼，及阿毗曇，屬聲聞藏。大乘、方等，屬菩薩藏。是則始從華嚴，終大涅槃，一切菩薩法藏，皆稱方等經典。今更就大乘中，別取獨被大機者，名華嚴部；融通空有者，名般若部；開權顯實者，名法華部；垂滅談常者，名涅槃部；其餘若顯若密，或對小明大，或泛明諸佛菩薩因、果、事、理、行、位、智、斷，皆此方等部收，非同流俗訛傳，唯謂八年中所說也。〔註50〕

方等又稱方廣，大乘方等顯說部所收經典，始從華嚴，終至涅槃，一切菩薩法藏（大乘）皆稱方等經典。方等經藏，又分為方等顯說部與方等密呪；方等密呪再分密呪經及密呪儀軌，故曰「若顯若密」。凡載記菩薩之因、果、事、理、行、位、智、斷等情事，皆屬之。

（三）大乘經藏　方等密呪部

述曰：梵語陀羅尼，此云總持，亦云遮持。本通顯、密二說，亦復遍於五時，但密壇儀軌，須有師承，設或輒自結印持明，便名盜法，招愆不小，今此道失傳久矣，典籍僅存，何容僭議，僅列經題品目如左。〔註51〕

陀羅尼即是總持、遮持。既有「總持」，即有「呪經」及「儀軌」。然儀軌須有師承，流傳不易，故只保存其「呪經」。

（四）大乘經藏　般若部

述曰：般若為諸佛母，三世諸佛，皆從般若得生，故曰。從初得道，乃至泥洹，於其中間，常說般若。當知一切佛法，無非般若所流出，無非般若所統攝也。然初成頓，則稱華嚴，漸誘鈍根，則名阿含。對半明滿，則屬方等，開權顯實，則讓法華。扶律談常，則推涅槃。故唯顯示二空，破情立法，或共不共，以般若題名者，乃別成第四部云。〔註52〕

〔註49〕同註1，上冊，卷一，華嚴部，頁1。
〔註50〕同註1，上冊，卷二，方等部，頁1。
〔註51〕同註1，中冊，卷十一，方等密部，頁1。
〔註52〕同註1，中冊，卷十六，般若部，頁1。

般若為五時之第三時，從初入佛境，至初開鈍根，再而即是般若。然此階段未到涅槃，故此部所收經典，多為破情立法，或共不共，以般若題名者。

（五）大乘經藏　法華部

　　　　述曰：凡是開權顯實，授聲聞成佛記，發跡顯本，明成佛甚久遠，

　　　及但明一乘修證之法，無二無三者，皆此部收。〔註53〕

從初得道，至漸誘鈍根，再至半明滿，再而即是法華時。此為到達涅槃時之前一階段。此部所收經典，多是述說小乘修行成佛之情事，故曰「開權顯實」、「明修證之法」。

（六）大乘經藏　涅槃部

　　　　述曰：大涅槃部，別在一日一夜，通該一代，凡是扶律談常，顯佛

　　　實不滅度者，皆此部收。又如遺教等經，雖在此時，以是小機所見，仍

　　　歸阿含。〔註54〕

此涅槃時為佛道之最後階段，此部所收經典，多為「扶律談常」之情事，顯佛實不滅度者。

（七）小乘經藏

　　　　述曰：阿含，亦云阿笈多。此翻教，又翻無比法，又翻法歸，蓋是

　　　萬法之淵府，總持之林苑，是故通則大小二教，皆號阿含。別則小開四

　　　部，謂增一。明人天因果，長，破邪見；中，明深義；雜，明禪法。又

　　　復約別，雖云在第二時，實則通該一代，良由一類眾生，始終見小，直

　　　至示入涅槃。不聞大教，凡是三印所印，悉宜收入此部。〔註55〕

小乘經藏即為「阿含部」。阿含為小教也，故置於五時之後。阿含部又細分四部分，增一阿含，載天人之因果輪迴；長阿含，明破邪見；中阿含，明佛深義；雜阿含，明禪之法。

（八）大乘律藏

　　　　述曰：大乘律法，雜在方等諸經，不同聲聞別部獨行。今於經中，

　　　取其扶律義居多者，或是全部，或一品一章，別標如左。〔註56〕

方等諸經，雜有大乘律法。此大乘律藏所收經藏，取方等經中之「扶律義居多者」，有一品者，一章者，亦有全部者。

〔註53〕同註1，中冊，卷二十四，法華部，頁1。
〔註54〕同註1，中冊，卷二十五，涅槃部，頁1。
〔註55〕同註1，下冊，卷二十六，小乘經，頁1。
〔註56〕同註1，下冊，卷三十二，大乘律，頁1。

（九）小乘律藏

　　述曰：毗尼一藏，元不局於聲聞，但大必兼小，小不兼大。今約當
分，且屬聲聞，實則大小兩家之所共學。而菩薩比丘，紹佛家業，化他
爲務，尤不可不精通乎此也。〔註57〕

菩薩律藏可括聲聞律藏，然聲聞不然。佛家「化他」爲務，大小律藏皆須精通也。

二、在經典的題名之下，標註明南北藏卷數、函號及譯撰者；部份經典亦標出它的異名及作序人

　　（一）一部經典，《南藏》與《北藏》卷數一樣，則只標註一個數目。例：
「《佛說瑜伽大教王經》五卷」〔註58〕、「《正法念處經》七十卷」〔註59〕；若是
南北藏卷數有異，則先標示南藏卷數，再標北藏卷數。例：「《不空羂索心呪王
經》三卷，北作二卷」〔註60〕、「《楞伽阿跋多羅寶經註解》四卷，今作八卷」〔註
61〕。若是經典張數不多，只有幾張，亦明確標示清楚，例：「《大方等如來藏經》
九紙半」〔註62〕、「《般若波羅密多心經》十六行半」〔註63〕。若是所存經典卷
數與南北藏不同，則分別載明之。例「《大方廣菩薩藏文殊師利根本儀軌經》二
十卷，南作十二卷，北作十卷」〔註64〕、「《佛說除蓋障菩薩所問經》二十卷，
南作十卷，北作八卷」〔註65〕。

　　（二）凡一部經典，南北藏函號相同，則只標示一個函號。例：「《妙法蓮華
經》七卷　草」〔註66〕、「《佛說首楞嚴三昧經》三卷　靡」〔註67〕。若南北藏函
號不同，則先標南藏函號，再標北藏函號。例：「《金光明經玄義拾遺記》六卷南
遵，北會」〔註68〕、「《菩薩瓔珞經》十三卷，今作二十卷　南短靡，北詩讚」〔註
69〕；另南藏有函號，北藏有缺；或北藏有函號，南藏有缺；或南北藏函號俱缺，

〔註57〕同註1，下冊，卷三十三，小乘律，頁1。
〔註58〕同註1，中冊，卷十一，方等密部，頁15。
〔註59〕同註1，下冊，卷三十，小乘經，頁1。
〔註60〕同註1，中冊，卷十五，方等密部，頁7。
〔註61〕同註1，下冊，卷三十五，此土大乘釋經論，頁4。
〔註62〕同註1，上冊，卷七，方等部，頁11。
〔註63〕同註1，中冊，卷二十三，般若部，頁21。
〔註64〕同註1，中冊，卷十四，方等密部，頁1。
〔註65〕同註1，上冊，卷八，方等部，頁1。
〔註66〕同註1，中冊，卷二十四，法華部，頁1。
〔註67〕同註1，上冊，卷六，方等部，頁4。
〔註68〕同註1，下冊，卷三十九，此土大乘宗經論，頁15。
〔註69〕同註1，上冊，卷七，方等部，頁12。

標示元藏函號等等，皆逐一標示清楚。例：『「《佛祖統記》四十五卷　南城昆池碣、北（缺）」〔註70〕、「《諸佛世尊如來菩薩尊者神僧名經》四十卷　北云亭雁門、南（缺）」〔註71〕、「《釋摩訶衍論》十卷　元藏笙字號、南北藏俱（缺）」〔註72〕。

　　《閱藏知津》南北藏函之安排，有三例為特殊，《大明太宗文皇帝御製序文》〔註73〕、《諸佛世尊如來菩薩尊者神僧名經》〔註74〕、《諸佛世尊如來菩薩尊者神僧名稱歌曲》此三書皆先標示北藏函號，再標南藏函號。

　　（三）經典一併標示別名，例：「《七佛所說神呪經》四卷　一名《廣濟眾生神呪》南景、北羊」〔註75〕、「《月燈三昧經》十一卷、北作十卷　一名《大方等大集月燈經》女」〔註76〕。

　　（四）部份經典亦標註作序者，例：「《大般若波羅多經》六百卷　有〈唐太宗三藏聖教序〉、〈唐高宗三藏聖教記〉、沙門玄則〈大般若經初會序〉十六分各有一序　天字至奈字」〔註77〕、「《佛說長阿含經》二十二卷　前有〈肇僧序〉　南克念、北智聽」〔註78〕。

三、對於內容廣博、卷帙較多的經典，逐品解說，提綱挈領。智旭在《閱藏知津》凡例中有說：

> 　　諸經或已流通，則人多素曉；或雖未流通，而卷帙不多，則人易閱，故所錄皆略。唯《大般若》，實為佛祖迅航，而久不流通，卷盈六百，故所錄稍詳。又《寶積》、《大集》、及諸密部，並《阿含》等，凡卷帙多而人罕閱者，亦詳錄之，庶令人染一指而知全鼎之味云爾。〔註79〕

凡大部經典，內容浩瀚豐富，不易讀通、讀懂，學人較少涉閱，智旭乃用心於此，逐品逐分條列說明，致使讀者能更容易循序漸進，達目錄之功能。《閱藏知津》所錄經典，逐品條例其名者，共有一百七十七部，其中解說最詳細者為《大般若波

〔註70〕同註1，下冊，卷四十三，此方撰述—傳記，頁11。
〔註71〕同註1，下冊，卷四十四，雜藏—此方撰述—序讚詩歌，頁14。
〔註72〕同註1，下冊，卷三十九，此土大乘宗經論，頁14。
〔註73〕同註1，下冊，卷四十四，雜藏—此方撰述—序讚詩歌，頁14。
〔註74〕同註1，下冊，卷四十四，雜藏—此方撰述—序讚詩歌，頁14。
〔註75〕同註1，中冊，卷十二，方等密部，頁17。
〔註76〕同註1，上冊，卷五，方等部，頁10。
〔註77〕同註1，中冊，卷十六，般若部，頁1。
〔註78〕同註1，下冊，卷二十九，小乘經，頁1。
〔註79〕同註1，上冊，〈閱藏知津凡例〉，頁6。

羅密多經》〔註80〕，六百卷，唐玉華寺沙門釋玄奘譯。初分第一，至第十六般若波羅密多分（卷第十六至卷第二十三），分爲十六分，多達一百六十六頁。智旭於每「分」下，再細分若干「品」，逐品解題詳述之。再者爲《大寶積經》〔註81〕，一百二十卷，唐南印土三藏沙門菩提流志譯。三律儀會第一，至廣博仙人會第四十九（卷第二至第三），共分成四十九會，三十一頁。智旭於「會」下不再細分，針對此「會」詳細解題。上述所舉兩部經典，皆是卷帙繁多之例，智旭針對經典逐會逐品解題，其功之縝密，前人所無。梁啓超先生評爲「半筆記體」，從此可看出《閱藏知津》之特殊性。

四、對於經典之譯本及重譯本，說明重譯本與巧譯本之差異。對經典之內容或筆法亦有優劣之批評比較

（一）經典之巧譯本置於前，其餘重譯本置其後，並對經典有所評比，智旭在《閱藏知津》凡例中有說：

《義目》每於重單譯中，先取單本總列於前，後以重本別列於後，相去懸隔，查考稍難，又每以先譯爲主，不分譯之巧拙，致令閱者不知去取。今選取譯之巧者一本爲主，其餘重譯即列於後，俾不能遍閱者，但閱其一即可得旨，若能遍閱者，連閱多譯，便知巧拙之得失也。〔註82〕

智旭深感寂曉《大明釋教彙目義門》不分譯之巧拙，使讀者不知如何選取，是解讀經藏之絆腳石，故以《大明釋教彙目義門》爲殷鑒，重新安排譯本之先後。先評比譯本之優劣，以巧譯本爲主，其餘重譯本列於後，使閱者明白讀經之先後順序。不會如無頭蒼蠅般，漫無目標。譯本優劣其例如下：

「《大方廣如來不思議境界經》，唐于闐國沙門實义難陀譯」〔註83〕，智旭評此譯經爲巧譯本。另「《大方廣佛華嚴經不思議佛境界分》，唐于闐三藏法師提雲般若譯，與前經同本異譯，文頗艱澀。」〔註84〕是提雲般若所譯，乃爲《大方廣如來不思議境界經》同本異譯，智旭評爲「文頗艱澀」。

「《大般若波羅密多經》，唐玉華寺沙門釋玄奘譯」〔註85〕。智旭逐分逐品解說，頁數從第十六卷第1頁，至第二十三卷第16頁，共166頁，其對此經之重視，可見

〔註80〕同註1，中冊，卷十六至卷二十三，般若部，共166頁。
〔註81〕同註1，上冊，卷二至卷三，方等部，共31頁。
〔註82〕同註1，上冊，〈閱藏知津凡例〉，頁6。
〔註83〕同註1，上冊，卷一，華嚴部，頁10。
〔註84〕同註1，上冊，卷一，華嚴部，頁11。
〔註85〕同註1，中冊，卷十六，般若部，頁1。

一般。另「《佛母出生三法藏般若波羅密多經》，宋北印土沙門施護譯」，智旭解題爲：「共三十二品，亦同道行，而文暢順。」〔註86〕；再「《金剛般若波羅密經》，姚秦天竺沙門鳩摩羅什譯。」智旭解題爲：「與大般若第九會同，而舉世流通，智者大師有疏。」〔註87〕；又「《金剛能斷般若波羅密經》，隋南天竺沙門達摩笈多譯。」〔註88〕，智旭評爲「文拙甚」。《佛母出生三法藏般若波羅密多經》、《金剛般若波羅密經》及《金剛能斷般若波羅密經》皆是《大般若波羅密多經》之同本異譯。由智旭之解題，能清楚明瞭各經藏之優劣及特色，閱者能依所需而選取。

（二）以經典之巧譯本爲主，後列重譯本，並詳註重譯本與巧譯本之差異。

智旭除了將巧譯本置最前外，其餘重譯本，亦皆有說明其重點及特色，並敘說與巧譯本之同異處，讀者從中得知其譯本，可閱，或可不閱。舉《大寶積經》說明之：

《大寶積經》唐南印土三藏沙門菩提流志譯〔註89〕

《大方廣三戒經》北涼中天竺沙門曇無讖譯

即第一三律儀會同本異譯〔註90〕

《佛說如來不思議祕密大乘經》宋中印土沙門法護共惟淨等譯

即第三金剛力士會同本異譯，分作二十五品。」〔註91〕

《佛說大乘無量壽莊嚴經》宋中印土沙門法賢譯

已上四經，並第五無量壽如來會同本異譯，而法賢本中有慈氏問答，尤妙，但止三十六願。〔註92〕

《佛說大阿彌陀經》

宋國學進士王日休取前四經刪補訂正，析爲五十六分，惜其未見《寶積》一譯，然心甚勤苦，故舉世多流通之。〔註93〕

智旭將菩提流志所譯之《大寶積經》評爲巧譯本，《大寶積經》之後，共列有四十六本同本異譯經典，上述所舉四本譯本，皆是《大寶積經》同本異譯。且智旭於譯經解題中，皆明白敘說譯本之特色，正如凡例中所說：「使人知其或應並閱，

〔註86〕同註1，中冊，卷二十三，般若部，頁17〜18。
〔註87〕同註1，中冊，卷二十三，般若部，頁19。
〔註88〕同註1，中冊，卷二十三，般若部，頁19。
〔註89〕同註1，上冊，卷二，頁1。
〔註90〕同註1，下冊，卷二十九，小乘經，頁10〜11。
〔註91〕同註1，下冊，卷二十九，小乘經，頁11。
〔註92〕同註1。
〔註93〕同註1。

或可不閱也。」

五、經典題名若為梵語之名，智旭解題中皆翻譯明示之

佛教非本土宗教學術，其源天竺，故最早傳入中國之經典，皆是梵語，爲了傳播教義，因而有經典之譯本產生。然有些經典，其書名仍作梵語，對於得道高僧，或是修行居士，或許不會造成困擾；但對於一般讀者，易造成「不相識」之問題。智旭於解題中，對於用梵語作書名之佛典，特註明其翻譯之意。如：

《阿差末菩薩經》，西晉月支國沙門竺法護譯。〔註94〕

智旭解題爲：「與上經同本，梵語阿差末，此翻無盡意也。」

《拔陂菩薩經》，後漢錄失譯人名。〔註95〕

智旭解題爲：「亦即前經，文來未全。梵語拔陂，此翻賢護。」

《妙吉祥平等觀門大教王經略出護摩儀》，宋中印土沙門慈賢譯。〔註96〕

智旭解題爲：「一訕底（此言息災），當作圓鑪，……鑪中燒一切物而作供養，各有呪印，名爲護摩或翻火祭。

六、若經典所使用之文字爲梵語，解題中皆有特別註明

方等密部中收集了許多佛教之密呪儀軌，這些咒語及儀軌，所使用之文字爲梵語。智旭針對此類經典解題時，皆特別註明「梵語」。閱者能依能力及所須，選擇是否讀閱。其例如：

《七佛讚唄伽陀》，二紙餘，宋中印土沙門法天譯。七佛及彌勒并迴向結讚，皆是梵語。〔註97〕

《曼殊室利菩薩吉祥伽陀》，一紙半，宋中印土沙門法賢譯，純梵語。〔註98〕

《三身梵讚》，一紙餘，宋中印土沙門法賢譯，此讚皆純梵語，無華言。〔註99〕

上述三例，智旭於解題時，皆註明「梵語」。對於一般讀者，及不懂梵語之閱者，皆可省去查閱之功，而另找尋有華語之譯本。對於不懂「梵語」者，其經就宛如天書，即使閱讀了，還是不知所云。對於有心研究「梵語」者，這些經典便是最佳之教材。故智旭之解題，適合任何身份之閱者，將解題目錄之功能，發揮盡致。

〔註94〕同註1，上冊，卷五，方等部，頁3。
〔註95〕同註1，上冊，卷五，方等部，頁9。
〔註96〕同註1，中冊，卷十五，方等密部，頁2。
〔註97〕同註1，中冊，卷十五，方等密部，頁15。
〔註98〕同註1，中冊，卷十五，方等密部，頁15。
〔註99〕同註1，中冊，卷十五，方等密部，頁16。

第四章 《閱藏知津》糾誤

　　目錄之學，爲一工程浩大且繁瑣之學術研究，資料多且繁雜，若不小心謹慎，容易有筆誤，或是誤書之情形。對資料之考證，尤其重要，唯有正確清晰之目錄資料，才能有其價值，有其學術生命。

　　《閱藏知津》爲佛典解題目錄之集大成者。取前人之優點，加以保存，並傳承之，亦有創新。智旭歷經八地，用時廿載才完成初稿，共收錄了一千七百二十五種佛典基本資料，加以解題。其對學術之貢獻，及功德之無量，不在話下。智旭於明‧永明王永曆九年，也就是滿清世祖順治十二年，西元 1655 年圓寂，享壽五十七歲。是時《閱藏知津》並未完全成稿，仍有部份經典尚未解題，經後人補益，才有今日之全貌。因智旭本人並無機會作最後一次之審閱，故筆者檢閱其資料時，發現了些許錯誤，有待糾正。

　　第一節針對《閱藏知津》標註經典之譯者及其年代作檢核，發現有年代漏書或誤書者，亦有譯者漏書或誤書者。第二節針對《閱藏知津》總目與正文之目錄作校閱，發現有相異者。對譯本之巧拙，總目與正文目錄亦有相異處。第三節針對《閱藏知津》所標註之南北藏函號作檢核，發現《閱藏知津》有誤書，南、北藏亦有誤書。以下針對上述問題，依節詳爲考述之。

第一節　《閱藏知津》解題之誤

　　依智旭《閱藏知津》體例架構，經典題名後標註卷數，再標南北藏函號，再標作者，然後針對經典內容作解題。此節針對經典之撰者、譯者作檢核，發現部份經典朝代有異、作者有別、缺載作者等情形，以下列表說明之：

一、譯者之誤

（一）、《十二佛名神呪較量功德除障滅罪經》

經錄名稱	譯作者	備　註
《閱藏知津》	唐北天竺沙門闍那崛多譯	中冊，卷12，頁19
《大明釋教彙目義門》	隋北天竺沙門闍那崛多譯	卷二十四，頁6

　　按《續高僧傳》云：「闍那崛多，隋言德志北賢豆。賢豆，本音因陀羅婆陀那，此云主處。」〔註1〕闍那崛多為隋朝時人，非唐朝人，《閱藏知津》誤。

（二）、《佛說目連問戒律中五百輕重事經》

經錄名稱	譯作者	備　註
《閱藏知津》	西晉錄失譯人名	下冊，卷33，頁9
《大明釋教彙目義門》	東晉錄失譯人名	卷六頁24
《佛教大藏經》〔註2〕	失譯人名附東晉錄	第034冊，頁976經號910
《乾隆大藏經》〔註3〕	失譯人名今附東晉錄	第077冊，頁405經號1143

　　《佛說目連問戒律中五百輕重事經》唯獨《閱藏知津》標註「西晉錄」，其餘資料皆言「東晉錄」，依此推斷，疑是《閱藏知津》誤。

（三）、《沙彌尼戒經》

經錄名稱	譯作者	備　註
《閱藏知津》	今在漢錄	下冊，卷33，頁8
《大明釋教彙目義門》	後漢錄失譯人名	卷八，頁11
《至元法寶勘同總錄》	失譯人名，在後漢錄	《法寶總目錄》第2冊，頁225（1230）
《大藏目錄》（高麗版）	在後漢錄	《法寶總目錄》第2冊，頁107（920）

　　「漢」與「後漢」時代不同，依上表，唯《閱藏知津》標註「漢錄」，疑《閱藏知津》漏一「後」字。

〔註1〕唐・道宣《續高僧傳》收錄於《大正新修大藏經》第50冊，頁433。
〔註2〕釋廣定編《佛教大藏經》佛教出版社，民國68年12月初版。
〔註3〕《乾隆大藏經》傳正有限公司乾隆大藏經刊印處，民國86年12月初版。

（四）、《內身觀章句經》

經錄名稱	譯作者	備　註
《閱藏知津》	漢失譯師名	下冊，卷41，頁5
《大明釋教彙目義門》	後漢錄失譯人名	卷三十，頁13
《至元法寶勘同總錄》	後漢失譯人名（昇編入錄）	《法寶總目錄》第2冊，頁233（1459）
《大藏目錄》（高麗版）	失譯人名，在後漢錄	《法寶總目錄》第2冊，頁109（1018）

　　《內身觀章句經》《閱藏知津》標註作者為「漢失譯師名」，上表各藏經資料皆為「後漢錄」，疑智旭誤。

（五）、《金剛錍》

經錄名稱	譯作者	備　註
《閱藏知津》	唐荊谿尊者述	下冊，卷42，頁8
《大明釋教彙目義門》	唐天台毗陵沙門湛然述	卷三十四，頁11
《至元法寶勘同總錄》	天台沙門湛然述	《法寶總目錄》第2冊，頁238（1623）
《大正新脩大藏經勘同目錄》	唐湛然述	《法寶總目錄》第1冊，頁495（1932）

　　按《宋高僧傳》〈唐台州國清寺湛然傳〉：「釋湛然，俗姓戚氏，世居晉陵之荊溪。」又「至大宋開寶中，吳越國王錢氏，追重而諡之。號圓通尊者焉。」〔註4〕唐・湛然因世居荊溪，圓寂後尊稱「圓通尊者」，故《閱藏知津》標註「唐荊谿尊者述」。

（六）、《六祖大師法寶壇經》

經錄名稱	譯作者	備　註
《閱藏知津》	嗣祖比丘宗寶編　谷住持淨戒重校	下冊，卷42，頁13
〈大明釋教彙目義門〉	唐開元門人法海等集	卷三十九，頁1
《中華大藏經》	唐惠能說；法海等集	第076冊，頁818 經號1699
《中華大藏經》	唐惠能說；（元）宗寶編	第076冊，頁833 經號1700
《大正新脩大藏經勘同目錄》	元宗寶編	《法寶總目錄》第1冊，頁517（2008）

　　《六祖大師法寶壇經》唐惠能說，唐吳興法海集，元時人宗寶編。智旭《閱藏知津》多載：「谷住持淨戒重校」，為其學術價值所在。

〔註4〕宋・贊寧《宋高僧傳》收錄於《大正新脩大藏經》第50冊，頁739。

（七）、《雜阿含經》

經錄名稱	譯作者	備　註
《閱藏知津》	宋天竺三藏求那跋陀羅譯	下冊，卷29，頁8
《大明釋教彙目義門》	劉宋中天竺沙門求那跋陀羅譯	卷五，頁22
《至元法寶勘同總錄》	宋天竺三藏求那跋陀羅譯	《法寶總目錄》第2冊，頁215（890）
《大藏目錄》（高麗版）	宋天竺三藏求那跋陀羅譯	《法寶總目錄》第2冊，頁103（657）

　　按梁・釋慧皎《高僧傳》〈求那跋陀羅傳〉〔註5〕其時代為南朝宋，亦稱劉宋。故《大明釋教彙目義門》之文獻資料為正確者。

（八）、《賓頭盧突羅闍為優陀延王說法經》

經錄名稱	譯作者	備　註
《閱藏知津》	宋天竺三藏求那跋陀羅譯	下冊，卷31，頁21
《大明釋教彙目義門》	劉宋罽賓國沙門求那跋摩譯	卷三十，頁22
《至元法寶勘同總錄》	宋天竺三藏求那跋陀羅譯	《法寶總目錄》第2冊，頁234（1492）

　　依梁・釋慧皎《高僧傳》〈求那跋摩傳〉〔註6〕，求那跋摩與求那跋陀羅為二人，同為南朝宋人。以上表比較之，《閱藏知津》與〈至元法寶勘同總錄〉所標註之朝代「宋」，即「劉宋」。又以譯者比較之，《賓頭盧突羅闍為優陀延王說法經》譯者應為「求那跋陀羅」而非「求那跋摩」，《大明釋教彙目義門》誤。

（九）、《佛說甚深大迴向經》

經錄名稱	譯作者	備　註
《閱藏知津》	劉宋出《祐公錄》	上冊，卷12，頁10
《大明釋教彙目義門》	《蕭梁錄》失譯人名	卷十三，頁24
《至元法寶勘同總錄》	《僧祐錄》中失譯人名今附《宋錄》	《法寶總目錄》第2冊，頁201（466）
《大藏目錄》（高麗版）	《僧祐錄》中失譯人名今附《宋錄》	《法寶總目錄》第2冊，頁101（514）
《乾隆大藏經》	劉宋失譯，師名出《祐公錄》	第047冊，頁517 經號0467

　　《佛說甚深大迴向經》如上表所列，有《劉宋錄》，有《蕭梁錄》及《宋錄》，因失譯人名，無法查證確時之朝代。

〔註5〕梁・釋慧皎《高僧傳》收錄於《大正新脩大藏經》第50冊，頁344。
〔註6〕同註3，頁340。

（十）、《五分戒本》

經錄名稱	譯作者	備　註
《閱藏知津》	蕭梁建初寺沙門釋明徽集	下冊，卷33，頁3
《大明釋教彙目義門》	劉宋罽賓國沙門佛陀什等譯	卷八，頁8
《至元法寶勘同總錄》	宋罽賓三藏佛陀什等譯	《法寶總目錄》第2冊，頁225（1221）
《大藏目錄》（高麗版）	宋罽賓三藏佛陀什等譯	《法寶總目錄》第2冊，頁107（908）
《大正新脩大藏經勘同目錄》	劉宋佛陀什等譯	《法寶總目錄》第1冊，頁386（1422）

依《高僧傳》〔註7〕，佛陀什亦為南朝宋時人，故《大明釋教彙目義門》與《大正新脩大藏經勘同目錄》之資料為正確。《閱藏知津》標註蕭梁建初寺沙門釋明徽集，蓋為後來之集者。

（十一）、《大沙門百一羯磨法》

經錄名稱	譯作者	備　註
《閱藏知津》	附《宋錄》	下冊，卷33，頁5
《大明釋教彙目義門》	《劉宋錄》，失譯人名	卷八，頁9
《至元法寶勘同總錄》	《僧祐錄》中失譯人名，今附《宋錄》	《法寶總目錄》第2冊，頁225（1233）
《大藏目錄》（高麗版）	《僧祐錄》中失譯經，今附《宋錄》	《法寶總目錄》第2冊，頁107（924）
《佛教大藏經》	失譯人名，今附《劉宋錄》	第032冊，頁259經號0857

《大沙門百一羯磨法》已失譯人名，其朝代則為「劉宋」。

（十二）、《佛說邪見經》

經錄名稱	譯作者	備　註
《閱藏知津》	失譯人名，今附《宋錄》	下冊，卷28，頁19
《大明釋教彙目義門》	《劉宋錄》，失譯人名	卷七，頁15
《至元法寶勘同總錄》	失譯人名，今附《宋錄》有云竺法護譯未詳	《法寶總目錄》第2冊，頁218（954）
《大藏目錄》（高麗版）	失譯人名，今附《東晉錄》	《法寶總目錄》第2冊，頁104（709）
《乾隆大藏經》	失譯人名，今附《宋錄》	第054冊，頁606經號0580

〔註7〕同註3，頁339。

　　《佛說邪見經》多數文獻資料顯示，其為《宋錄》或《劉宋錄》。《大藏目錄》（高麗版）標註為《東晉錄》。

　　另《佛為黃竹園老婆羅門說學經》〔註8〕、《佛說優婆夷墮舍迦經》〔註9〕，同為失譯人名，亦僅著錄《宋錄》與《劉宋錄》。

（十三）、《圓悟佛果禪師語錄》

經錄名稱	譯作者	備　註
《閱藏知津》	學徒若平集，淨戒重校	下冊，卷42，頁14
《大明釋教彙目義門》	宋紹興門人紹隆等集	卷三十九，頁19
《大正新脩大藏經勘同目錄》	宋紹隆等編	《法寶總目錄》第1冊，頁513（1997）
《乾隆大藏經》	宋紹隆等編	第144冊，頁1 經號1597

　　《圓悟佛果禪師語錄》，《閱藏知津》標註「學徒若平集」，其餘諸藏經皆標「宋紹隆等編」，若平或在其列。

二、《閱藏知津》缺撰、譯者：

（一）、《佛說華手經》

經錄名稱	譯作者	備　註
《閱藏知津》	缺	上冊，卷7，頁15
《大明釋教彙目義門》	姚秦天竺沙門鳩摩羅什譯	卷十一，頁11
《至元法寶勘同總錄》	姚秦三藏鳩摩羅什譯	《法寶總目錄》第2冊，頁199（402）
《大藏目錄》（高麗版）	後秦龜茲三藏鳩摩羅什譯	《法寶總目錄》第2冊，頁99（397）

　　依上表所示，《佛說華手經》為姚秦天竺沙門鳩摩羅什譯。

（二）、《金剛頂瑜伽經文殊師利菩薩儀軌供養法》

經錄名稱	譯作者	備　註
《閱藏知津》	不出譯人名	中冊，卷15，頁12
《大明釋教彙目義門》	唐北天竺沙門大廣智不空譯	卷二十六，頁12
《至元法寶勘同總錄》	唐天竺三藏大廣智不空譯	《法寶總目錄》第2冊，頁213（819）

〔註8〕《閱藏知津》中冊，卷二十八，頁16；《彙目義門》卷七，頁12。
〔註9〕《閱藏知津》中冊，卷二十八，頁18；《彙目義門》卷七，頁14。

按《彙目義門》與《至元法寶勘同總錄》，《金剛頂瑜伽經文殊師利菩薩儀軌供養法》為唐北天竺沙門大廣智不空譯。

（三）、《瑜伽集要燄口施食儀起教阿難陀緣由》、《瑜伽集要燄口施食儀》

經錄名稱	譯作者	備　　註
《閱藏知津》	缺	中冊，卷 15，頁 16
《大明釋教彙目義門》	唐北天竺沙門大廣智不空譯	卷二十六頁 13～14

上述兩經皆為唐北天竺沙門大廣智不空譯。

（四）、《佛說十友居士八城人經》

經錄名稱	譯作者	備　　註
《閱藏知津》	缺	下冊，卷 28，頁 19
《大明釋教彙目義門》	後漢安息國沙門安世高譯	卷七，頁 14
《至元法寶勘同總錄》	後漢安息三藏安世高譯	《法寶總目錄》第 2 冊，頁 218（953）

依《彙目義門》與《至元法寶勘同總錄》，《佛說十友居士八城人經》為後漢安息國沙門安世高譯。

（五）、《佛說人本欲生經》

經錄名稱	譯作者	備　　註
《閱藏知津》	缺	下冊，卷 29，頁 7
《大明釋教彙目義門》	後漢安息國沙門安世高譯	卷七，頁 2
《至元法寶勘同總錄》	後漢安息三藏安世高譯	《法寶總目錄》第 2 冊，頁 216（895）
《大藏目錄》（高麗版）	後漢安息三藏安世高譯	《法寶總目錄》第 2 冊，頁 104（662）

依上表文獻資料，《佛說人本欲生經》為後漢安息國沙門安世高譯。

（六）、《大明仁孝皇夢感佛說第一希有大功德經》

經錄名稱	譯作者	備　　註
《閱藏知津》	缺	下冊，卷 41，頁 12
《大明釋教彙目義門》	大明永樂元年頒行入藏	卷三十，頁 10

　　《大明仁孝皇夢感佛說第一希有大功德經》爲永樂元年頒行入藏三十六部經典之一。

（七）、《南嶽思大禪師立誓願文》

經錄名稱	譯作者	備　註
《閱藏知津》	缺	下冊，卷42，頁7
《大明釋教彙目義門》	陳南嶽思大禪師撰	卷三十四，頁19
《大正新脩大藏經勘同目錄》	陳慧思撰	《法寶總目錄》第1冊，頁495（1933）

　　《南嶽思大禪師立誓願文》爲陳・釋慧思撰。

（八）、《天台知者大師禪門口訣》

經錄名稱	譯作者	備　註
《閱藏知津》	缺	下冊，卷42，頁7
《大明釋教彙目義門》	宋元入藏失譯人名	卷三十四，頁7

　　《天台知者大師禪門口訣》，《彙目義門》載記爲宋元入藏，失譯人名。智旭缺載之。

（九）、《定慧相資歌》

經錄名稱	譯作者	備　註
《閱藏知津》	缺	下冊，卷42，頁14
《大明釋教彙目義門》	宋永明智覺禪師延壽述	卷四十一，頁15
《卍續藏經》〔註10〕	宋延壽述	第110冊，頁964 經號1218

　　部份經藏將《定慧相資歌》與《警世》合併，皆爲宋永明智覺禪師延壽述。

（十）、《六離合釋》：

　　《六離合釋》之資料只於《佛教大藏經》有，但經典題目並不相同，《六離合釋法式》〔註11〕、《六離合釋法式略解》〔註12〕皆標註智旭撰述。

〔註10〕《卍續藏經》新文豐出版公司，民國72年元月再版。
〔註11〕《佛教大藏經》第068冊，頁285。
〔註12〕同註8，第150冊，頁819。

三、《閱藏知津》缺錄譯者之朝代：

（一）、《十八部論》：

經錄名稱	譯作者	備　註
《閱藏知津》	失譯人名	下冊，卷 40，頁 17
《大明釋教彙目義門》	三秦錄失譯人名	卷九，頁 14
《至元法寶勘同總錄》	失譯人名附三秦錄	《法寶總目》第 2 冊，頁 225（1230）
《大正新脩大藏經勘同目錄》	陳眞諦譯	《法寶總目》第 1 冊，頁 522（2032）
《大藏目錄》（高麗版）	陳天竺三藏眞諦譯	《法寶總目》第 2 冊，頁 109（983）
《佛教大藏經》	陳眞諦譯	第 047 冊，頁 763 經號 1089
《卍正藏經》〔註 13〕	陳眞諦譯	第 047 冊，頁 682 經號 1288

　　《十八部論》，智旭未註明譯者及其年代，《大明釋教彙目義門》及《至元法寶勘同總錄》皆稱三秦錄。《大正新脩大藏經勘同目錄》與《大藏目錄》（高麗版）載明陳‧眞諦譯。再校之《佛教大藏經》及《卍正藏經》，亦標註「陳眞諦譯」。故推知《十八部論》爲陳‧眞諦譯。

（二）、《孝子經》：

經錄名稱	譯作者	備　註
《閱藏知津》	失譯人名	下冊，卷 31，頁 10
《大明釋教彙目義門》	《西晉錄》，失譯人名	卷六，頁 18
《至元法寶勘同總錄》	僧祐云安公失譯人名，附《西晉錄》	《法寶總目》第 2 冊，頁 221（1066）
《大藏目錄》（高麗版）	失譯人名，今附《西晉錄》	《法寶總目》第 2 冊，頁 106（834）

　　《孝子經》，《閱藏知津》缺載「西晉錄」。

（三）、《沙彌尼離戒文》：

經錄名稱	譯作者	備　註
《閱藏知津》	失譯人名	下冊，卷 33，頁 8
《大明釋教彙目義門》	《東晉錄》，失譯人名	卷八，頁 11
《至元法寶勘同總錄》	失譯人名，在《後漢錄》	《法寶總目》第 2 冊，頁 225（1230）
《大藏目錄》（高麗版）	附《東晉錄》	《法寶總目》第 2 冊，頁 107（919）

〔註13〕《卍正藏經》藏經書院，新文豐出版公司，民國 69 年 6 月初版。

《沙彌尼離戒文》,《閱藏知津》未標時代。《至元法寶勘同總錄》標註《後漢錄》;《大明釋教彙目義門》與《大藏目錄》(高麗版)則標註《東晉錄》。疑應從《彙目義門》。

(四)、《般若波羅密多心經略疏》

經錄名稱	譯作者	備　註
《閱藏知津》	沙門法藏述	下冊,卷 36,頁 2
《大明釋教彙目義門》	唐康居國沙門法藏述	卷十八,頁 14
《乾隆大藏經》	唐法藏述	第　冊,頁經號 1496

智旭《閱藏知津》標註「沙門法藏述」,未明言法藏之時代,據上表文獻資料及《續高僧傳》〈法藏傳〉﹝註14﹞,可知法藏乃唐人。

(五)、《法智遺編觀心二百問》

經錄名稱	譯作者	備　註
《閱藏知津》	法孫繼忠集	下冊,卷 42,頁 9
《大明釋教彙目義門》	宋永嘉傳教法孫繼忠集	卷三十四,頁 19
《大正新脩大藏經勘同目錄》	宋知禮撰(繼忠集)	《法寶總目錄》第 1 冊,頁 497(1935)

《法智遺編觀心二百問》為宋知禮撰,繼忠集。

(六)、《四教義》、《金光明經玄義》、《金光明經文句》、《金剛般若經疏》、《仁王護國般若經疏》、《觀音玄義》、《觀音義疏》、《觀音義疏》等經,智旭皆標註「天台智者大師說」,沒有明註智者大師之年代。按《神僧傳》〈智顗傳〉﹝註15﹞及《隋天台智者大師別傳》﹝註16﹞,可知天台智者大師隋人也,開皇十七年十一月二十四日圓寂,享壽 67 歲。

(七)、《天台智者大師別傳》、《天台八教大意》、《國清百錄》等經典,智旭《閱藏知津》僅標註「門人灌頂纂」,未標明灌頂之年代。依《續高僧傳》〈唐灌頂傳〉﹝註17﹞,灌頂,天台智者大師之門人,唐人也。

﹝註14﹞同註 1,頁 580。
﹝註15﹞明・永樂御製《神僧傳・智顗》收錄於《大正新脩大藏經》第 50 冊,頁 978。
﹝註16﹞隋・灌頂撰《隋天台智者大師別傳》收錄於《大正新脩大藏經》第 50 冊,頁 191。
﹝註17﹞同註 1,頁 584。

第二節 《閱藏知津》經典題名與巧譯、重譯之誤

智旭《閱藏知津》凡例之後有總目四卷，記錄所收錄經典之佛典題名、卷數及南、北藏函號。總目之後，有四十四卷正式解題目錄，記載經典題名、卷數、南北藏函號、作者、及對每部經典之解題。此章節針對總目及正文之經典題名及卷數作檢核，將相異之處作成表格。又智旭在《閱藏知津》凡例中日：「凡重譯本，於總目中，即低一字書之，使人易曉。」〔註18〕觀其譯本之排列，總目與正文解題，其排列並不一致。茲將上述兩種問題製表如下：

一、總目標題與正文標題之異

（一）標題用字之異

編號	總目經典題名	正文經典題名	備　註
01	菩薩投身飼虎起塔因緣經	菩薩投身飼餓虎起塔因緣經	大乘經藏—方等顯說部 182
02	大孔雀明王畫像壇場儀軌	佛說大孔雀明王畫像壇場儀軌	大乘經藏—方等密呪經 481
03	虛空藏菩薩問七佛陀羅尼呪經	虛空藏菩薩問七佛陀羅尼經	大乘經藏—方等密呪經 503
04	佛說救面然餓鬼陀羅尼經	佛說救面然餓鬼陀羅尼神呪經	大乘經藏—方等密呪經 507
05	觀自在菩薩如意心陀羅尼經	觀自在菩薩如意心陀羅尼呪經	大乘經藏—方等密呪經 604
06	香王菩薩陀羅尼呪經	香王菩薩陀羅尼經	大乘經藏—方等密呪經 630
07	拔一切業障根本得生淨土陀羅尼	拔一切業障根本得生淨土神呪	大乘經藏—方等密呪經 682
08	金剛頂瑜伽降三世成就極深密門	金剛頂瑜伽降三世成就極深法門	大乘經藏—方等密呪儀軌 712
09	觀自在菩薩如意輪菩薩瑜伽法要	觀自在如意輪菩薩瑜伽法要	大乘經藏—方等密呪儀軌 722
10	瑜伽集要燄口施食儀	瑜伽集要燄口施食儀軌	大乘經藏—方等密呪儀軌 764

〔註18〕《閱藏知津》凡例，頁 6。

11	大愛道般涅槃經	**佛說**大愛道般涅槃經	小乘經藏 849
12	佛說文陀竭王經	佛說文**竭陀**王經	小乘經藏 865
13	般泥洹後灌臘經	**般涅槃**後灌臘經	小乘經藏　976
14	佛說輪迴五道罪福報應經	佛說輪**轉**五道罪福報應經	小乘經藏　998
15	金剛般若波羅密經註解	金剛般若波羅密**多**經註解	此土大乘釋經論 1284
16	阿毗達磨俱舍論**頌本**	阿毗達磨俱舍論**本頌**	小乘論藏 1460

　　《菩薩投身飼虎起塔因緣經》爲《閱藏知津》總目經錄題名，其正文經典題名於虎字前多一「餓」字，《永樂南藏》〔註19〕及《永樂北藏》〔註20〕亦有「餓」字，故從正文之經錄題名。

　　《大孔雀明王畫像壇場儀軌》及《大愛道般涅槃經》皆爲《閱藏知津》總目經典題名，其正文標題多「佛說」兩字。檢核南北藏目錄時，部份經典《閱藏知津》經典題名有「佛說」，南北藏經典題名卻不一定有「佛說」二字。有無「佛說」二字，並不影響其經典之內容。

　　《虛空藏菩薩問七佛陀羅尼呪經》爲《閱藏知津》總目經典題名，其正文題名少「呪」字，校之《永樂南藏》〔註21〕，亦無呪字，校之《永樂北藏》〔註22〕，有「呪」字，再校之《彙目義門》〔註23〕，有「呪」字，故從總目經典題名。

　　《佛說救面然餓鬼陀羅尼經》爲《閱藏知津》總目經典題名，《永樂南藏》〔註24〕亦是此題名，《閱藏知津》正文經典題名、《永樂北藏》〔註25〕及《彙目義門》〔註26〕皆多「神呪」二字，故從正文經典題名。

　　《觀自在菩薩如意心陀羅尼呪經》爲《閱藏知津》正文經典題名，《閱藏知津》總目、《永樂南藏》〔註27〕、《永樂北藏》〔註28〕皆少「呪」字，故從總目經典題名。

〔註19〕《大明三藏聖教南藏目錄》收錄於《法寶總目錄》第二冊，新文豐出版公司，民國91年修訂版一版四刷，頁328。
〔註20〕《大明三藏聖教北藏目錄》收錄於《法寶總目錄》，第二冊，新文豐出版公司，民國91年修訂版一版四刷　，頁280。
〔註21〕同註15，頁326。
〔註22〕同註16，頁279。
〔註23〕《大明釋教彙目義門》收錄於《四庫未收書輯刊》參輯・貳拾冊，　四庫未收書編纂委員會編　北京出版社，1988年，卷二十四，頁14。
〔註24〕同註15，頁328。
〔註25〕同註16，頁281。
〔註26〕同註19。
〔註27〕同註15，頁326。
〔註28〕同註16，頁278。

　　《香王菩薩陀羅尼經》爲《閱藏知津》正文經典題名，《閱藏知津》總目、《永樂南藏》〔註29〕、《永樂北藏》〔註30〕皆多「呪」字，故從總目經典題名。

　　《拔一切業障根本得生淨土陀羅尼》爲《閱藏知津》總目經典題名，《彙目義門》〔註31〕亦此題名，《永樂南藏》無此經錄，《閱藏知津》正文及《永樂北藏》〔註32〕改陀羅尼爲「神呪」，其義同。陀羅尼即總持，有「呪」，二者應相通也。

　　《金剛頂瑜伽降三世成就極深密門》爲《閱藏知津》總目經典題名，其正文經典題名改「密」字爲「法」字。《永樂南藏》〔註33〕、《永樂北藏》〔註34〕皆與總目經典題名同，故從總目經典題名。

　　《觀自在菩薩如意輪菩薩瑜伽法要》爲《閱藏知津》總目經典題名，其正文經典題名爲《觀自在如意輪菩薩瑜伽法要》。《永樂南藏》〔註35〕、《永樂北藏》〔註36〕皆與正文經典題名同，故從正文經典題名。

　　《瑜伽集要燄口施食儀》爲《閱藏知津》總目經典題名，其正文經典題名多一「軌」字。《永樂南藏》〔註37〕、《永樂北藏》〔註38〕皆與總目經典題名同，故從總目經典題名。

　　《佛說文陀竭王經》爲《閱藏知津》總目經典題名，其正文經典題名改「陀竭」二字爲「竭陀」。《永樂南藏》〔註39〕、《永樂北藏》〔註40〕皆與總目經典題名同，故從總目經典題名。

　　《般泥洹後灌臘經》爲《閱藏知津》總目經典題名，其正文經典題名改「泥洹」二字爲「涅槃」。《永樂南藏》〔註41〕、《永樂北藏》〔註42〕皆與總目經典題名同，故從總目經典題名。

　　《佛說輪迴五道罪福報應經》爲《閱藏知津》總目經典題名，其正文經典題

〔註29〕同註15，頁328。
〔註30〕同註16，頁281。
〔註31〕同註19，卷二十六，頁15。
〔註32〕同註16，頁277。
〔註33〕同註15，頁348。
〔註34〕同註16，頁294。
〔註35〕同註15，頁328。
〔註36〕同註16，頁281。
〔註37〕同註15，頁345。
〔註38〕同註16，頁295。
〔註39〕同註15，頁339。
〔註40〕同註16，頁282。
〔註41〕同註15，頁328。
〔註42〕同註16，頁276。

名改「迴」字為「轉」字。《永樂南藏》〔註 43〕、《永樂北藏》〔註 44〕皆與正文在經典題名同，故從正文經典題名。

　　《金剛般若波羅密經註解》為《閱藏知津》總目經典題名，其正文經典題名多一「多」字。南藏缺，《彙目義門》〔註 45〕、《永樂北藏》〔註 46〕皆與總目經典題名同，故從總目經典題名。

　　《阿毗達磨俱舍論頌本》為《閱藏知津》總目經典題名，其正文經典題名改「頌本」字為「本頌」字。《永樂南藏》〔註 47〕、《永樂北藏》〔註 48〕皆與正文經典題名同，故從正文經典題名。

（二）同音互通

編號	總目經典題名	正文經典題名	備　註
01	央掘魔羅經	央掘摩羅經	大乘經藏—方等顯說部 186
02	佛說長者女菴提遮師子吼了義經	佛說長者女庵提遮師子吼了義經	大乘經藏—方等顯說部 182
03	佛說差摩婆帝受記經	佛說差摩婆帝授記經	大乘經藏—方等顯說部 310
04	一切如來大祕密王未曾有最上微妙大曼羅經	一切如來大祕密王未曾有最上微妙大曼拏經	大乘經藏—方等密呪經 413
05	佛說大白傘蓋總持陀羅尼經	佛說大白傘蓋總持陀羅尼經	大乘經藏—方等密呪經 441
06	佛說最勝妙吉祥根本智最上祕密一切名義三麼地分	佛說最勝妙吉祥根本智最上祕密一切名義三摩地分	大乘經藏—方等密呪經 442
07	十二佛名神呪校量功德除障滅罪經	十二佛名神呪較量功德除障滅罪經	大乘經藏—方等密呪經 464
08	瑜伽翳迦訖沙囉烏瑟尼沙斫訖囉眞言安怛陀那儀則一字頂輪王瑜伽經	瑜伽翳迦訖沙囉烏瑟尼沙斫訖羅眞言安怛陀那儀則一字頂輪王瑜伽經	大乘經藏—方等密呪儀軌 699
09	佛說詹崛魔經	佛說央崛魔經	小乘經藏 835

〔註 43〕同註 15，頁 341。
〔註 44〕同註 16，頁 284。
〔註 45〕同註 19，卷十八，頁 13。
〔註 46〕同註 16，頁 297。
〔註 47〕同註 15，頁 351。
〔註 48〕同註 16，頁 292。

| 10 | 佛說鴦崛魔髻經 | 佛說央崛魔髻經 | 小乘經藏 836 |

　　佛教為外來宗教，所使用之文字為梵文，後翻譯成中文，故所翻譯之經典題名，所依據多為「梵音」。取其字音，不取字義，佛典題名多是音同、音近而互通。上述十部經典，「魔」與「摩」；「菴」與「庵」；「受」與「授」；「葢」與「蓋」；「麼」與「摩」；「校」與「較」；「囉」與「羅」；「鴦」與「央」；「羅」與「拏」或為古今字，或為同音互通，或為音近互通。唯《閱藏知津》總目與正文經典題名，皆出智旭之手，所使用之字相異，，蓋佛經所使文字互通之情形普遍矣。

（三）卷數之異

編號	總目經典題名	正文經典題名	備　註
01	佛說證契大乘經　二卷	佛說證契大乘經　一卷	大乘經藏─方等顯說部 191
02	請觀世音菩薩消伏毒害陀羅尼經　一卷	請觀世音菩薩消伏毒害陀羅尼經　二卷	大乘經藏─方等密呪經 609
03	金剛頂瑜伽千手千眼觀自在菩薩修行儀軌經　一卷	金剛頂瑜伽千手千眼觀自在菩薩修行儀軌經　二卷	大乘經藏─方等密呪儀軌 719
04	佛說四人出現世間經　三紙半	佛說四人出現世間經　三紙欠	小乘經藏 826
05	中邊分別論　二卷	中邊分別論　三卷	西土大乘宗經論 1308

　　《佛說證契大乘經》，《閱藏知津》正文標示「一卷」，總目則標「二卷」，檢核《大明釋教彙目義門》，標示為「二卷」〔註49〕，或總目筆誤。

　　《請觀世音菩薩消伏毒害陀羅尼經》，《閱藏知津》總目標為「一卷」，正文標為「二卷」，《大明釋教彙目義門》將其與《廣大蓮華莊嚴曼拏羅經一切罪陀羅尼經》二經一卷〔註50〕。故「一卷」較為合理。

　　《金剛頂瑜伽千手千眼觀自在菩薩修行儀軌經》，《彙目義門》標示為「一卷」〔註51〕，《閱藏知津》正文標為「二卷」，總目標為「一卷」，故以總目「一卷」為依據。

　　《佛說四人出現世間經》，《彙目義門》將其與《佛說阿羅漢具德經》、《佛說

〔註49〕同註 19，卷十四，頁 12。
〔註50〕同註 19，卷二十四，頁 8。
〔註51〕同註 19，卷二十六，頁 9。

波斯匿王太后崩塵土坌身經》〔註52〕三經同卷。《閱藏知津》正文標爲「三紙欠」，總目標爲「三紙半」。依上所述，《佛說四人出現世間經》應只有「三紙餘」。

《中邊分別論》，《閱藏知津》總目標爲「二卷」，正文標爲「三卷」，校之《彙目義門》，則標爲「二卷」〔註53〕，故從總目。

二、巧譯與重譯排列之異

依智旭凡例所言，則巧譯本頂格置於前，重譯本則低一格置於後，校之《閱藏知津》總目與正文，則有些許差異。以下分二類說明之：

（一）正文為「巧譯本」

編號	經典題名	總目	正文	備註
01	觀世音菩薩得大勢菩薩受記經	『佛說觀無量壽佛經』之**重譯本**	巧譯本	大乘經藏方等部一顯說 84
02	佛說菩薩念佛三昧經	『佛說大方等大集菩薩念佛三昧經』之**重譯本**	巧譯本	大乘經藏方等部一顯說 104
03	佛說出生無邊門陀羅尼經	『出生無邊門陀羅尼經』之**重譯本**	『佛說一向出生菩薩經』之**重譯本**	大乘經藏方等密呪經 572
04	金剛摧碎陀羅尼	『大金剛妙高山樓閣陀羅尼』之**重譯本**	巧譯本	大乘經藏方等密呪經 676
05	佛說無量壽大智陀羅尼	『大金剛妙高山樓閣陀羅尼』之**重譯本**	巧譯本	大乘經藏方等密呪經 677
06	佛說宿命智陀羅尼	『大金剛妙高山樓閣陀羅尼』之**重譯本**	巧譯本	大乘經藏方等密呪經 678
07	佛說妙吉祥菩薩陀羅尼	『大金剛妙高山樓閣陀羅尼』之**重譯本**	巧譯本	大乘經藏方等密呪經 679
08	佛說慈氏菩薩陀羅尼	『大金剛妙高山樓閣陀羅尼』之**重譯本**	巧譯本	大乘經藏方等密呪經 680
09	佛說虛空藏菩薩陀羅尼	『大金剛妙高山樓閣陀羅尼』之**重譯本**	巧譯本	大乘經藏方等密呪經 681

〔註52〕同註 19，卷七，頁 15。
〔註53〕同註 19，卷二十九，頁 20

10	拔一切業障根本得生淨土神呪	『大金剛妙高山樓閣陀羅尼』之**重譯本**	巧譯本	大乘經藏方等密呪經 682
11	妙法蓮華經　八卷	『妙法蓮華經　七卷』之**重譯本**	巧譯本	大乘經藏法華部 796
12	大般泥洹經	『大般涅槃經』之**重譯本**	巧譯本	大乘經藏涅槃部 810
13	五分比丘尼戒本	『彌沙塞部五分律』之**重譯本**	巧譯本	小乘律藏 1179
14	彌沙塞羯磨本	『彌沙塞部五分律』之**重譯本**	巧譯本	小乘律藏 1180
15	道地經	『修行道地經』之**重譯本**	巧譯本	西土大乘宗經論 1385
16	阿毗達磨俱舍釋論	『阿毗達磨俱舍論』之**重譯本**	巧譯本	小乘論藏 1459
17	十八部論	『異部宗輪論』之**重譯本**	巧譯本	小乘論藏 1493
18	輔教篇	『鐔津文集』之**重譯本**	巧譯本	雜藏—此方撰述—護教 1659

　　《佛說出生無邊門陀羅尼經》，《閱藏知津》總目將其視爲《出生無邊門陀羅尼經》之重譯本，正文則視其爲《佛說一向出生菩薩經》之重譯本。其餘上述十七部經典，《閱藏知津》正文將其視爲頂格之「巧譯本」，檢核總目卻不然。

（二）目錄爲「巧譯本」

編號	經典題名	總　目	正　文	備　註
01	佛說如幻三摩地無量印法門經	巧譯本	『觀世音菩薩得大勢菩薩受記經』之**重譯本**	大乘經藏方等顯說部 85
02	佛說大方等大集菩薩念佛三昧經	巧譯本	『佛說菩薩念佛三昧經』之**重譯本**	大乘經藏方等顯說部 103
03	佛說金色王經	巧譯本	『菩薩本行經』之**重譯本**	大乘經藏方等顯說部 274
04	出生無邊門陀羅尼經	巧譯本	『佛說一向出生菩薩經』之**重譯本**	大乘經藏方等密呪經 571
05	菩薩善戒經　一卷連前經	巧譯本	『菩薩善戒經　九卷』之**重譯本**	大乘經藏涅槃部 810

06	根本說一切有部出家授近圓羯磨儀軌	巧譯本	『根本說一切有部毗奈耶頌』之**重譯本**	小乘律藏 1180
07	苾蒭習略法	巧譯本	『根本說一切有部毗奈耶頌』之**重譯本**	小乘律藏 1201
08	中邊分別論	巧譯本	『辯中邊論』之**重譯本**	西土大乘宗經論 1308
09	大乘緣生論	巧譯本	『緣生論』之**重譯本**	小乘論藏 1480

上述九部經典，《閱藏知津》總目視其為「巧譯本」，正文卻將其置於「重譯本」之位置。對於經典譯本之巧拙判斷，為智旭之學術涵養所在，故不可得知總目與正文相異之原由。待尋更多之資料佐証，再進一步判斷相異之因。

第三節 《閱藏知津》函號與永樂南北藏函號之誤

依智旭《閱藏知津》體例所示，每經典題名下，皆標註南北藏函號，故《閱藏知津》所標之南、北藏函號，應與《永樂南藏》函號及《永樂北藏》函號一致，經過檢核比較後，發現某部分經典之函號有異，以下詳述之。

一、南藏函號

檢核《閱藏知津》所標南藏函號，與《法寶總目錄》之《永樂南藏目錄》函號，有以下幾種情況：（一）、發現二書函號所使用之「字」略有不同，例如：《閱藏知津》中，使用「籍」字為函號，《永樂南藏》卻使用「藉」字。（二）、有錯書函號者，例如：《無盡意菩薩經》，《閱藏知津》所標南藏函號為「罪」字，然在《永樂南藏》「罪」字函號中找不著，卻在「周」字函號中尋獲。（三）、《閱藏知津》有標示之「經典題名、函號」，於《法寶總目錄》之《永樂南藏》中，卻無著錄此經典，例如《大明仁孝皇后夢感佛說第一希有大功德經》，《閱藏知津》載明著錄於《永樂南藏》「大」字函號中，查核《永樂南藏》「大」字函號，卻無著錄此經典，查核其它函號，亦無著錄此經典。（四）、某些函號字例如：「縣邈」、「曠遠」，《閱藏知津》有明白標示，遍查《法寶總目錄》之《永樂南藏》函號，卻找不著此函號。以下將《閱藏知津》所標南藏函號，與《永樂南藏》函號有異者，分為四類製表分述如下：

（一）函號字形相似、相近之異〔註54〕

編號	經典題名	閱藏知津 南藏函號	法寶總目錄 南藏函號	備　註
01	文殊師利發願經	籍	藉	大乘經藏華嚴部 19
02	六菩薩名亦當誦持經	籍	藉	大乘經藏華嚴部 152
03	小道地經	籍	藉	西土大乘宗經論 1383
04	一百五十讚佛頌	籍	藉	西土大乘宗經論 1395
05	讚觀世音菩薩頌	籍	藉	西土大乘宗經論 398
06	阿毗曇五法行經	籍	藉	小乘論 1473
07	四阿含暮抄解	籍	藉	小乘論 1486
08	阿含口解十二因緣經	籍	藉	小乘論 1489
09	法句譬喻經	籍	藉	雜藏西土撰述 1500
10	三慧經	籍	藉	雜藏西土撰述 1512
11	撰集三藏及雜藏傳	籍	藉	雜藏西土撰述 1516
12	迦葉結經	籍	藉	雜藏西土撰述 1517
13	馬鳴菩薩傳	籍	藉	雜藏西土撰述 1535
14	龍樹菩薩傳	籍	藉	雜藏西土撰述 1536
15	提婆菩薩傳	籍	藉	雜藏西土撰述 1537
16	無字寶篋經	潔	絜	大乘經藏—方等顯說部 198
17	大乘離文字普光明藏經	潔	絜	大乘經藏—方等顯說部 199
18	佛說無垢賢女經	潔	絜	大乘經藏—方等顯說部 221
19	佛說腹中女聽經	潔	絜	大乘經藏—方等顯說部 222
20	佛說樂瓔珞莊嚴方便經	潔	絜	大乘經藏—方等顯說部 228
21	順權方便經	潔	絜	大乘經藏—方等顯說部 229
22	太子須大拏經	潔	絜	大乘經藏—方等顯說部 276
23	菩薩睒子經	潔	絜	大乘經藏—方等顯說部 277
24	佛說睒子經	潔	絜	大乘經藏—方等顯說部 278
25	太子慕魄經	潔	絜	大乘經藏—方等顯說部 279

〔註54〕請參閱附錄一，備註欄符號「A」之經典。

26	佛說太子沐魄經	潔	絜	大乘經藏—方等顯說部 280
27	佛說九色鹿經	潔	絜	大乘經藏—方等顯說部 281
28	佛說月光童子經	潔	絜	大乘經藏—方等顯說部 300
29	佛說申日兒本經	潔	絜	大乘經藏—方等顯說部 301
30	佛說逝童子經	潔	絜	大乘經藏—方等顯說部 315
31	佛說長者子制經	潔	絜	大乘經藏—方等顯說部 316
32	佛說乳光佛經	潔	絜	大乘經藏—方等顯說部 321
33	佛說犢子經	潔	絜	大乘經藏—方等顯說部 322
34	佛說諸法勇王經	潔	絜	大乘經藏—方等顯說部 357
35	傳法正宗論	回	迴	雜藏—此方撰述 1584
36	明覺禪師語錄	回	迴	雜藏—此方撰述 1595
37	輔教篇	回	迴	雜藏—此方撰述 1659
38	海意菩薩所問淨印法門	澄	澂	大乘經藏—方等顯說部 89
39	金剛峰樓閣一切瑜伽瑜祇經	澄	澂	大乘經藏—方等密呪經 417
40	摩訶止觀	困衡	困橫	此土大乘宗經論 1407
41	南本大般涅槃經	鳴鳳在竹	鳴鳳在樹	大乘經藏—涅槃部 809

「籍」，《說文》云「簿也」〔註55〕；「藉」，《說文》云「祭藉也」〔註56〕，兩字字義相異，字形相近，故千字文之用字〔註57〕有使用「藉」字者，亦有使用「籍」字者。《閱藏知津》所標南藏「籍」字函號與《永樂南藏》「藉」字函號，應為形近之故。另鳴鳳在「竹」與鳴鳳在「樹」，「竹」與「樹」字形、字義皆相異，然於千字文中，語義皆通，故應亦是千字文用字之問題。

「潔」，《廣韻》云：「清也，經典用絜」〔註58〕，故可知「潔」與「絜」相通也。「回」，《玉篇》云：「胡瑰切，回轉又邪也。」〔註59〕；「迴」，《玉篇韻》曰：

〔註55〕漢・許慎撰，段玉裁注《說文解字注》黎明文化事業 經韵樓藏版，民國 80 年 4 月，增訂 7 版，頁 192。

〔註56〕同註 51，頁 43。

〔註57〕從史書所收之千字文，約十幾種。比對後發現，用字皆有些許差異。以不重覆字而言，不合此規則者，必有誤。今依馬自毅《新譯增廣賢文・千字文》（三民書局 2004 年 7 月初版二刷）為主，再以《說文》、《廣韻》校其通用字，修改重覆用字之處。所得無重覆用字之千字文內容。

〔註58〕王瓊珊編《重校宋本廣韻》廣文書局 澤存唐藏版，民國 80 年 10 月 三版，頁 471。

〔註59〕梁・顧野王《大廣益會玉篇》新興書局 元刻本 57 年 5 月 新一版，頁 403。

「轉也」〔註60〕，兩字亦相通也。「澂」，《玉篇》曰：「直陵切，清也，澂、澄並同上。」〔註61〕故「澄」、「澂」兩字互通。又「橫」，《說文》：「闌木也。」〔註62〕「衡」，《玉篇》云：「乎庚切，橫也，平也，斤兩也，持平令牛不抵出衡門橫木也。」〔註63〕故「橫」、「衡」互通也，以上諸字皆可互通互用。綜上所述，推知所使用函號字不同，乃因所據之千字文用字不同，並非智旭之誤，亦非《永樂南藏》有錯，皆千字文用字差異。

（二）《閱藏知津》南藏錯書函號〔註64〕

編號	經典題名	閱藏知津南藏函號	法寶總目錄南藏函號	備　　註
01	無盡意菩薩經	罪	周	大乘經藏—方等顯說部 101
02	佛阿毗曇經	交	弟同	小乘律藏 1206
03	轉法輪經優波提舍	弗	次	西土大乘釋經論 1234

智旭《閱藏知津》所標註之南藏函號，共有三部經典誤書：《無盡意菩薩經》應屬《永樂南藏》「周」字函號，誤書為「罪」字函號；《佛阿毗曇經》應屬《永樂南藏》「弟同」字函號，誤書為「交」字函號；《轉法輪經優波提舍》應屬《永樂南藏》「次」字函號，誤書為「弗」字函號。

（三）《閱藏知津》有佛典函號，收錄於《法寶總目錄》之《永樂南藏》無此佛典〔註65〕

編號	經典題名	閱藏知津南藏函號	法寶總目錄南藏函號	備　　註
01	佛說須賴經	忘	無此佛典	大乘經藏—方等顯說部 52
02	三劫三千諸佛名經	長	無此佛典	大乘經藏—方等顯說部 118
03	相續解脫如來所作隨順處了義經	敢	無此佛典	大乘經藏—方等顯說部 174

〔註60〕同註55，頁165。
〔註61〕同註55，頁281。
〔註62〕同註51。
〔註63〕同註55。
〔註64〕請參閱附錄一，備註欄符號「D」之經典。
〔註65〕請參閱附錄一，備註欄符號「F」之經典。

04	拔一切業障根本得生淨土陀羅尼	貞	無此佛典	大乘經藏—方等密呪經 682
05	瑜伽集要燄口施食儀起教阿難陀緣由	淵	無此佛典	大乘經藏—方等密呪儀軌 763
06	金剛般若波羅密經	羽	無此佛典	大乘經藏—般若部 780
07	金剛般若波羅密經	羽	無此佛典	大乘經藏—般若部 781
08	能斷金剛般若波羅密多經	翔	無此佛典	大乘經藏—般若部 784
09	雜阿含經	聽	無此佛典	小乘經藏 943
10	佛說五無返復經	孝	無此佛典	小乘經藏 1062
11	菩薩善戒經	仕攝	無此佛典	大乘律藏 1138
12	四分戒本	姑	無此佛典	小乘律藏 1167
13	佛說齋經	福	無此佛典	小乘律藏 1225
14	金剛般若波羅密經論	弗	無此佛典	西土大乘釋經論 1252
15	妙法蓮華經論優波提舍	離	無此佛典	西土大乘釋經論 1256
16	攝大乘論	物	無此佛典	西土大乘宗經論 1311
17	楞伽經唯識論	都	無此佛典	西土大乘宗經論 1312
18	大乘起信論	邑	無此佛典	西土大乘宗經論 1329
19	雜譬喻經	所	無此佛典	西土大乘宗經論 1389
20	佛三身讚	興	無此佛典	西土大乘宗經論 681，1393
21	聖者文殊師利發菩提心願文	思	無此佛典	西土大乘宗經論 1399
22	攝大乘論釋	操好	無此佛典	此土大乘諸論釋 1418
23	攝大乘論釋	堅	無此佛典	此土大乘諸論釋 1419
24	攝大乘論釋	雅	無此佛典	此土大乘諸論釋 1420
25	大明仁孝皇后夢感佛說第一希有大功德經	大	無此佛典	雜藏—西土撰述 1544
26	法華三昧行事運想補助儀	實	無此佛典	雜藏—西土撰述～懺儀 1548

《佛說須賴經》於《閱藏知津》中，標註為二部經典，皆置於南藏「忘」字函號中，查核《永樂南藏》，卻只找到一部，且其它函號亦無載錄，故註記缺一部《佛說須賴經》，並標註「《法寶總目錄》《永樂南藏》無此佛典」。《能斷金剛般若波羅密多經》、《雜阿含經》、《佛說五無返復經》、《菩薩善戒經》、《四分齋經》、《佛說齋經》、《金剛般若波羅密經論》、《攝大乘論》、《大乘起信論》、《雜譬喻經》等十部經典，皆因經典題名相同而短缺一部；另《金剛般若波羅密經》亦因同名而少二部。

　　《三劫三千諸佛名經》於《閱藏知津》中，標註為一部經典，而《永樂南藏目錄》卻分別載錄為《過去莊嚴劫千佛名經》、《現在賢劫千佛名經》、《未來星宿願劫千佛名經》等三部，故上表註記為「無此佛典」。

　　上述編號20《佛三身讚》，與《佛說虛空藏菩薩陀羅尼》，皆置於《閱藏知津》南藏函號「興」字中，查核《永樂南藏》「興」字函號，只發現《佛說虛空藏菩薩陀羅尼佛三身讚附》，此經錄題名應為《佛三身讚》與《佛說虛空藏菩薩陀羅尼》二經合而為一部，故上表註記《佛三身讚》，於《法寶總目錄》所收錄之《永樂南藏》「無此佛典」。

　　上述表格其餘諸經典，查閱《永樂南藏》，皆無所獲，皆為《永樂南藏》所缺載。

（四）《閱藏知津》有經錄函號，《法寶總目錄》所收錄之《永樂南藏》無此函號〔註66〕

編號	經典題名	閱藏知津 南藏函號	法寶總目錄 南藏函號	備　註
01	大方廣佛華嚴經疏鈔	稷稅熟	無此函號	此土大乘釋經論 1262
02	大方廣圓覺脩多羅了義經略疏之鈔	治本於	無此函號	此土大乘釋經論 1265
03	維摩詰所說經註	務	無此函號	此土大乘釋經論 1271
04	大佛頂首楞嚴經會解	縣邈	無此函號	此土大乘釋經論 1279
05	金剛經疏論纂要	農	無此函號	此土大乘釋經論 1282
06	釋金剛經刊定記	農	無此函號	此土大乘釋經論 1283
07	妙法蓮華經要解	曠遠	無此函號	此土大乘釋經論 1293
08	寶藏論	敦	無此函號	此土大乘宗經論 1403
09	華嚴懸談會玄記	鉅野洞庭	無此函號	此土大乘諸論釋 1427
10	大乘百法明門論解	敦	無此函號	此土大乘諸論釋 1440
11	大乘起信論疏	巖	無此函號	此土大乘諸論釋 1441
12	大乘起信論疏筆削記	巖岫	無此函號	此土大乘諸論釋 1442
13	肇論新疏游刃	杳冥	無此函號	此土大乘諸論釋 1443
14	蓮宗寶鑑	素	無此函號	雜藏—此方撰述—淨土 1563

〔註66〕請參閱附錄一，備註欄符號「K」之經典。

15	天台四教儀集註	稼	無此函號	雜藏—此方撰述—淨土 1579
16	禪宗正脈	勸賞	無此函號	雜藏—此方撰述—禪宗 1586
17	黃檗山斷際禪師傳心法要	素	無此函號	雜藏—此方撰述—禪宗 1590
18	萬善同歸集	史	無此函號	雜藏—此方撰述—禪宗 1591
19	唯心訣	素	無此函號	雜藏—此方撰述—禪宗 1592
20	定慧相資歌	素	無此函號	雜藏—此方撰述—禪宗 1593
21	警世	素	無此函號	雜藏—此方撰述—禪宗 1594
22	眞心直說	敦	無此函號	雜藏—此方撰述—禪宗 1599
23	高麗國普照禪師修心訣	敦	無此函號	雜藏—此方撰述—禪宗 1600
24	禪宗決疑集	素	無此函號	雜藏—此方撰述—禪宗 1601
25	禪源諸詮集都序	敦	無此函號	雜藏—此方撰述—賢首宗 1608
26	華嚴原人論解	茲	無此函號	雜藏—此方撰述—賢首宗 1610
27	八識規矩補注	敦	無此函號	雜藏—此方撰述—慈恩宗 1613
28	翻譯名義集	貢新	無此函號	雜藏—此方撰述—纂集 1629
29	教乘法數	稛俶載南	無此函號	雜藏—此方撰述—纂集 1631
30	禪林寶訓	黍	無此函號	雜藏—此方撰述—纂集 1632
31	緇門警訓	陟	無此函號	雜藏—此方撰述—纂集 1633
32	百丈清規	黜	無此函號	雜藏—此方撰述—纂集 1634
33	佛祖歷代通載	畝我藝黍	無此函號	雜藏—此方撰述—傳記 1636
34	鐔津文集	孟軻	無此函號	雜藏—此方撰述—護教 1658
35	三教平心論	黜	無此函號	雜藏—此方撰述—護教 1661
36	折疑論	茲	無此函號	雜藏—此方撰述—護教 1662

　　《閱藏知津》雜藏—此方撰述所錄上述表格之經典，共有三十六部經典之函號，爲《閱藏知津》所無。共分別散於四十一字函號中。此四十一函號所使用之字，《永樂南藏》並無編排到，蓋此三十六經典爲大明萬曆十二年間續入藏，《永樂北藏》有載錄，《永樂南藏》「無此函號」，故亦無此佛典。

二、北藏函號

　　依檢核南藏函號之方法來查閱北藏函號，發現《閱藏知津》所標北藏函號，與《法寶總目錄》所收錄之《永樂北藏目錄》函號，去除了南藏「無函號」之問題，仍有許多相異之處，如：（一）、《閱藏知津》所使用函號之「字」，與《法寶總目錄》所收錄之《永樂北藏》所使用函號之「字」，有字形相近、相似之異；例《閱藏知津》使用「清」字為函號，《永樂北藏》使用「清」字為函號。（二）、《閱藏知津》所標北藏函號有錯書之情形；例《佛說三十五佛名禮懺文》，《閱藏知津》標示北藏函號為「淵」，但《永樂北藏》「淵」字函號無此佛典，卻在「斯」字函號找著。（三）、以《閱藏知津》經典題名為依據，查閱《法寶總目錄》所收之《永樂北藏》，有找不著經典之情形；例《閱藏知津》有《瑜伽集要燄口施食儀起教阿難陀緣由》，《永樂北藏》卻無此佛典。以下以表格示之，並分述如下：

（一）函號字形相似、相近之異〔註67〕

編號	經典題名	閱藏知津 北藏函號	法寶總目錄 北藏函號	備　　註
01	佛說大集會正法經	清	清	大乘經藏—方等顯說部 111
02	佛說大乘大方廣佛冠經	清	清	大乘經藏—方等顯說部 123
03	大乘密嚴經	清	清	大乘經藏—方等顯說部 168
04	毗沙門天王經	清	清	大乘經藏—方等顯說部 181
05	大雲輪請雨經	清	清	大乘經藏—方等密呪經 439
06	文殊問經字母品	清	清	大乘經藏—方等密呪經 582
07	葉衣觀自在菩薩經	清	清	大乘經藏—方等密呪經 593
08	穢迹金剛說神通大滿陀羅尼法術靈要門經	清	清	大乘經藏—方等密呪經 625
09	穢迹金剛法禁百變法門經	清	清	大乘經藏—方等密呪經 626
10	佛說八種長養功德經	清	清	小乘經 913
11	大乘本生心地觀經	興	與	大乘經藏—方等顯說部 196
12	慈氏菩薩所說大乘緣生稻稈俞經	興	與	大乘經藏—方等顯說部 337

〔註67〕請參閱附錄一，備註欄符號「B」之經典。

13	一切如來心祕密全身舍利寶篋印陀羅尼經	興	與	大乘經藏—方等密呪經 455
14	佛說一切如來金剛壽命陀羅尼經	興	與	大乘經藏—方等密呪經 462
15	佛說大吉祥天女十二契一百八名無垢大乘經	興	與	大乘經藏—方等密呪經 493
16	佛說大吉祥天女十二名號經	興	與	大乘經藏—方等密呪經 494
17	佛說雨寶陀羅尼經	興	與	大乘經藏—方等密呪經 533
18	佛說出生無邊門陀羅尼經	興	與	大乘經藏—方等密呪經 572
19	佛說穰麌梨童女經	興	與	大乘經藏—方等密呪經 660
20	曇無德律部雜羯磨	受	愛	大乘律藏 1169
21	十誦羯磨比丘要用	受	愛	大乘律藏 1186
22	沙彌威儀	受	愛	小乘律藏 1215
23	沙彌尼離戒文	受	愛	小乘律藏 1218
24	金剛般若波羅密經論	受	愛	西土大乘釋經論 1250
25	金剛般若波羅密經論	受	愛	西土大乘釋經論 1252
26	諸教決定名義論	古	右	西土大乘釋經論 1244
27	聖佛母般若波羅密多九頌精義論	古	右	西土大乘釋經論 1245
28	辯正論	且	且	雜藏—此方撰述—護教 1654
29	護法論	且	且	雜藏—此方撰述—護教 1657
30	南本大般涅槃經	鳳在竹白	鳳在樹白	大乘經藏—涅槃部 809

「清」，《玉篇》云：「且盈切，澄也，潔也。」〔註68〕「清」，《玉篇》云：「七性切，寒也，冷也。」〔註69〕兩字互通也。另「鳳在竹白」與「鳳在樹白」與上述南藏之「鳴鳳在竹、樹」情形一樣，皆為千字文用字之異也。

千字文曰：「資父事君，曰嚴與敬；孝當竭力，忠則盡命。臨深履薄，夙興溫清。」〔註70〕「與」、「興」兩字字義不通，勉強可說字形相近。《永樂北藏》使用了兩個「與」字，第一個「與」字，只收錄《佛本行集經》一部經典。第二個「與」

〔註68〕同註55，頁272。
〔註69〕同註55，頁286。
〔註70〕馬自毅《新譯增廣賢文—千字文》三民書局 2004年7月初版 二刷，頁232。

字，收錄《大乘本生心地觀經》等九部經典。然《閱藏知津》載錄此九部經典函號爲「興」字。又據千字文，「臨深履薄」之後，應是「夙興溫凊」〔註71〕，由此推知，《永樂北藏》所使用之第二個「與」字函號，應是錯字。

　　《永樂北藏》中，使用了二個「愛」字函號，一是「愛育黎首」，二是「外愛傅訓」。「外愛傅訓」之「愛」字共收錄了《曇無德律部雜羯磨》等六部經典，北六部經典於《閱藏知津》北藏函號標註爲「受」字。再「受」字與「愛」字，字義迥異，但字形相近，據千字文，「外愛傅訓」應爲「外受傅訓」之錯別字。綜上所論，可推知《永樂北藏》中「外愛傅訓」之「愛」字，應是「受」字之誤書。

　　《諸教決定名義論》、《聖佛母般若波羅蜜多九頌精義論》此兩部經典，《閱藏知津》所標註之函號爲「古」字，然千字文之「求古尋論」之「古」字並未使用於《永樂北藏》函號。又於《永樂北藏》函號，「右通廣內」之「右」字中找到四部經典，其中兩部即是上述者。再者「古」字與「右」字字形相近，故推知《閱藏知津》所載錄之《諸教決定名義論》、《聖佛母般若波羅蜜多九頌精義論》，所標註之「古」字函號，應是「右」字之錯別字。

　　《閱藏知津》中《辯正論》、《護法論》兩經，北藏函號標註爲「旦」字。然於《永樂北藏》中找不著「旦」字函號，卻找著「且」字函號。《辯正論》、《護法論》兩經即編排於內。再按千字文，「悅豫且康」之「且」字並未使用於《永樂北藏》函號中。綜上所論，推知《永樂北藏》中之「且」函號，應爲「旦」字之誤書。

（二）《閱藏知津》北藏錯書函號〔註72〕

編號	經典題名	閱藏知津北藏函號	法寶總目錄北藏函號	備　註
01	佛說三十五佛名禮懺文	淵	斯	大乘經藏—方等顯說部 49
02	入法界體性經	傷	裳	大乘經藏—方等顯說部 77
03	阿差末菩薩經	罪	伐	大乘經藏—方等顯說部 102
04	大乘密嚴經	清	染	大乘經藏—方等顯說部 169
05	寶如來三昧經	方	才	大乘經藏—方等顯說部 248

〔註71〕請參閱附錄二。
〔註72〕請參閱附錄一，備註欄符號「C」之經典。

06	佛說寶藏神大明曼拏羅儀軌經	比	止	大乘經藏—方等密呪經 637
07	四童子三昧經	白	食	大乘經藏—涅槃部 813
08	須摩提女經	敬	善	小乘經藏 828
09	佛說三摩竭經	敬	善	小乘經藏 829
10	雜阿含經	谷傳聲虛堂	谷傳聲虛空	小乘經藏 941
11	佛阿毗曇經	唱	初	小乘律藏 1206
12	優波離問經	隨	初	小乘律藏 1208
13	轉法輪經優波提舍	靜	顛	西土大乘釋經論 1234
14	天台智者大師齋忌禮讚文	起	輔	雜藏—此方撰述—懺儀 1560
15	諸佛世尊如來菩薩尊者神僧名稱歌曲	紫塞雞田赤城	紫塞雞田赤	雜藏—此方撰述—讚詩歌 1680

上述十五部經典，是檢核智旭《閱藏知津》與《永樂北藏》之結果，其中編號 10 之《雜阿含經》，《閱藏知津》標註函號為「谷傳聲虛堂」，查核北藏，其標註函號為「谷傳聲虛空」。按千字文，「空」字應接於「形端表正」之下，「谷傳聲」之上。又「虛」字下應接「堂習聽」。故此「谷傳聲虛空」應是「谷傳聲虛堂」之誤。

編號 15 之《諸佛世尊如來菩薩尊者神僧名稱歌曲》，《閱藏知津》函號標註為「紫塞雞田赤城」，然北藏卻只標註「紫塞雞田赤」，相差於「城」字函號。按《永樂北藏》中，於「城」字函號有載錄《諸佛世尊如來菩薩尊者神僧名稱歌曲》五十卷，及《感應歌曲》〔註73〕一卷，而查閱《閱藏知津》，並無《感應歌曲》之載錄。又據陳士強所撰《佛典精解》：「《知津》將其中的《感應歌曲》合入《諸佛世尊如來菩薩尊者神僧名稱歌曲》，作五十一卷。」〔註74〕故《閱藏知津》之「紫塞雞田赤城」，與《永樂北藏》之「紫塞雞田赤」，應是《諸佛世尊如來菩薩尊者神僧名稱歌曲》與《感應歌曲》是否合而為一之問題。

其餘十三部經典，皆是《閱藏知津》誤書《永樂北藏》函號，閱者可依此表，找到佛經正確之位置。

〔註73〕同註 16，頁 297。
〔註74〕陳士強《佛典精解》建宏出版社，1995 年 7 月初版一刷，頁 163。

（三）《閱藏知津》有佛典函號，收錄於《法寶總目錄》之《永樂北藏》無此佛典

編號	經典題名	閱藏知津北藏函號	法寶總目錄北藏函號	備　註
01	佛說須賴經	衣	無此佛典	大乘經藏—方等顯說部 52
02	三劫三千諸佛名經	長	無此佛典	大乘經藏—方等顯說部 118
03	佛說大方廣曼殊室利經觀自在菩薩儀軌經	止	無此佛典	大乘經藏—方等密呪經 591
04	瑜伽集要燄口施食儀起教阿難陀緣由	漆	無此佛典	大乘經藏—方等密呪儀軌 763
05	金剛般若波羅密經	羽	無此佛典	大乘經藏—般若部 780
06	金剛般若波羅密經	羽	無此佛典	大乘經藏—般若部 781
07	能斷金剛般若波羅密多經	翔	無此佛典	大乘經藏—般若部 784
08	佛說五無返復經	當	無此佛典	小乘經藏 1062
09	菩薩善戒經	辭	無此佛典	大乘律藏 1138
10	四分戒本	外	無此佛典	小乘律藏 1167
11	苾芻習略法	夫	無此佛典	小乘律藏 1201
12	佛說齋經	緣	無此佛典	小乘律藏 1225
13	楞伽經唯識論	辭	無此佛典	西土大乘宗經論 1312
14	大乘起信論	情	無此佛典	西土大乘宗經論 1329
15	聖者文殊師利發菩提心願文	澄	無此佛典	西土大乘宗經論 1399
16	攝大乘論釋	友投	無此佛典	西土大乘諸論釋 1418
17	攝大乘論釋	連	無此佛典	西土大乘諸論釋 1419
18	攝大乘論釋	交	無此佛典	西土大乘諸論釋 1420
19	大乘百法明門論解	敦	無此佛典	此土大乘諸論釋 1440
20	阿彌陀經不思議神力傳	貞	無此佛典	雜藏—此方撰述—淨土 682，1564
21	定慧相資歌	素	無此佛典	雜藏—此方撰述—禪宗 1593
22	警世	素	無此佛典	雜藏—此方撰述—禪宗 1594
23	金師子章雲間類解	百	無此佛典	雜藏—此方撰述—賢首宗 1607
24	註華嚴七字經題法界觀門三十頌	史	無此佛典	雜藏—此方撰述—賢首宗 1611

上述表格中之《佛說大方廣曼殊室利經觀自在菩薩儀軌經》、《瑜伽集要燄口施食儀起教阿難陀緣由》、《芯蒭習略法》、《楞伽經唯識論》、《聖者文殊師利發菩提心願文》、《金師子章雲間類解》等六部經典，智旭《閱藏知津》有載錄，亦有標示函號，然在《永樂北藏》中卻無此佛典，故此六佛典為北藏所缺載。

上表編號 20 之《阿彌陀經不思議神力傳》，《閱藏知津》標註載錄於北藏「貞」字函號，查核《永樂北藏》，發現其與《拔一切業障根本得生淨土神呪不思議神力傳附》合而為一部，故《永樂北藏》無《阿彌陀經不思議神力傳》此佛典。

上表函號「敦」、「素」、「史」等，為萬曆新續入藏之函號，《大乘百法明門論解》於「敦」字函號找不著，《定慧相資歌》、《警世》於「素」字函號未載錄，《註華嚴七字經題法界觀門三十頌》於函號「史」字中亦無記錄。

《三劫三千諸佛名經》及其餘諸經，因經錄題名一致而短缺，此二問題於南藏時已詳述，此與南藏同，故不贅述。

三、未標函號

《閱藏知津》共收錄一千七百二十五部經典，大部份佛經目錄皆依其體例標示南、北藏函號，其中有五部經典未標示函號〔註75〕，依序排列如下：

編號	經典題名	閱藏知津	南藏函號	北藏函號	備註
01	梵本大悲神呪		竟		大乘經藏—方等密呪經 671
02	修大方廣佛華嚴法界觀門	已乏單本			雜藏—此方撰述—賢首宗 1602
03	華嚴金師子章	未有別行		百	雜藏—此方撰述—賢首宗 1606
04	眞唯識量	出宗鏡錄			雜藏—此方撰述—慈恩宗 1612
05	六離合釋	附補注後			雜藏—此方撰述—慈恩宗 1614

上述五部經典，於智旭《閱藏知津》中，並未標示南、北藏函號，僅標註「已乏單本」、「附補注後」等字。查核《閱藏知津》與《法寶總目錄》之南北藏目錄後，發現「不出譯人名，前後無文」之《梵本大悲神呪》〔註76〕在《永樂南藏》「竟」

〔註75〕請參閱附錄一，備註欄符號「E」之經典。
〔註76〕《閱藏知津》中冊，卷十四，頁 28。

字函號中尋獲；另唐京大薦福寺沙門法藏述之《華嚴金師子章》〔註 77〕在《永樂
北藏》「百」字函號中找到。其餘三部經典，於《永樂南藏》及《永樂北藏》中，
皆無所獲。

―――――――――――

〔註77〕《閱藏知津》下冊，卷四十二，頁 16。

第五章　中國佛典目錄之發展及《閱藏知津》之成就與影響

　　佛經目錄撰集起源甚早，據文獻資料記載，東晉釋道安為第一人。根據僧祐《出三藏記集》所載：「爰自安公，始述名錄，詮品譯才，標列歲月，如典可徵，實賴伊人。」〔註1〕惜其著已佚，惟大部分資料仍存梁僧祐《出三藏記集》中。東晉至隋唐時期，隨著佛教之興盛，經錄撰集大量產生，唯較早期之經錄大多已佚失。

　　佛典目錄自南朝梁・僧祐《出三藏記集》起，開始有了基礎。歷代佛典目錄在此基礎上，不斷有所損益，逐漸形成研究佛學之重要參考資料，及專門學問－「佛典目錄學」。就如梁啟超於〈佛家經錄在中國目錄學之位置〉一文中所提到，佛典目錄的發展有優於一般目錄學之處，故值得深入研究。

　　《眾經目錄》，自僧祐開始有經錄傳本，二百年後，法經等二十人，再次整理經錄，經錄分類更加細密。費長房對佛學史料，及經錄之蒐集，提供了豐富之佛學資源。之後道宣更進一步有系統分類經錄。直至釋智昇《開元釋教錄》，佛典目錄之發展，達到另一高峰。無論法門分類之層次安排、經典次第編排、藏經之選取，或是對經典內容性質及真偽處理，皆為後人所導循。

　　經錄發展至智昇，可說告一階段。再而便是如何提高「目錄」之功用，「解題」順勢而生。佛典解題目錄，最早產生於北宋，釋惟白所撰《大藏經綱目指要錄》，為現存第一部根據經錄編排順序，編撰眾經要抄之著作。

　　北宋王古所著《大藏聖教法寶標目》，繼惟白《大藏經綱目指要錄》後之「佛典解題目錄」。部分經典，《指要錄》解說詳細；部分經典，《法寶標目》資料充足，故兩書有互補之功用。

〔註1〕梁・僧祐《出三藏記集》收錄於《大正新脩大藏經》第五十五冊 卷二，頁5。

明・寂曉依南北藏，及漢地佛教著作爲閱藏內容，撰作閱藏筆記。其對「乘藏」之編次，不按《開元釋教錄》之慣例，而自創新分類編次。不以《般若》爲大乘經編次之首，而以「五時判教」五階段爲編次順序。將一千多部佛典，重新分類編排，釐爲八大部。並增「陀羅尼部」，統收密部經典。

智旭《閱藏知藏》旁參前人之作，再次整理佛典之編次及目錄資料，是一部佛典解題目錄之集大成者，在佛典目錄學史上，具有舉足輕重之地位，值得吾輩悉心研習之。

第一節　衆經目錄之發展

佛教來自西域天竺，東漢末年傳入中國。隨之而來的梵文經典，經譯師翻譯爲中文，其數量日積月累，浩瀚如海。釋智昇云：

> 夫目錄之興也，蓋所以別眞僞，明是非，記人代之古今，標卷部之多少。摭拾遺漏，刪夷駢贅，欲使正教綸理金言有緒，提綱舉要，歷然可觀也。〔註2〕

有系統之佛典目錄因而產生，一方面保留佛教文獻，一方面校正資料。既能保存佛陀之精意，亦能宣達教義。

從文獻資料得知，梁・僧祐《出三藏記集》之前，已有經錄產生，然多已失佚，故難以依循。梁・僧祐《出三藏記集》爲現存最古而完整之經錄，故大多以此書爲啓始，展開衆經目錄之研習。

隋・法經《衆經目錄》，爲第一部奉敕編撰之經錄。於僧祐基礎上，再加細分類別。其書體例第二類之「佛滅度後」，除了按抄集、傳述、著述區分爲三類，再各自細分爲西域與此土撰述。考據詳實，發揚目錄學精神。嚴密之體例安排，奠定其後之經錄基礎。

隋・費長房《歷代三寶記》，除了經錄，兼有佛教史兩種功用。《長房錄》之「入藏錄」，爲自創之體例。將確認可信之經典，特別立一法門。此一分類法，爲後代經錄學者所沿用。其史料價值不低於經錄價值，故探究佛學，此錄爲極重要之參考資料。

唐・道宣《大唐內典錄》，共分十錄。取前人《法經錄》，與《長房錄》之長，捨棄其短，再而重新更有系統組織經錄。對經典譯本之處理，擇善本而標註之，

〔註2〕唐・智昇《開元釋教錄》收錄於《大正新脩大藏經》第五十五冊，卷一，頁477。

使閱者一目了然。此優點，智旭亦取用之。

　　唐・智昇撰《開元釋教錄》，佛典目錄發展至此，可謂完備。考證詳實，類目設置精細，便於查閱。並以「千字文」作標註位置，其實爲「書架目錄」。經錄編排方法及範圍，至此大致底定，後世多以其爲他山之石。

　　以下將較重要之經錄作較詳盡之介紹：

一、梁・僧祐《出三藏記集》

　　《出三藏記集》十五卷，共收佛典二千一百六十二部。一般簡稱爲《祐錄》、《僧祐錄》。僧祐（445〜518），俗姓俞，建康人也。其經錄體例架構，受東晉・道安《綜理眾經目錄》啓發良多。僧祐於其序曰：

> 　　原夫經出西域，運流東方，提挈萬里，翻傳胡漢。國音各殊，故文有同異。前後重來，故題有新舊。而後之學者鮮克研覈，遂乃書寫繼踵，而不知經出之歲，誦說比肩，而莫測傳法之人，授之受道亦已闕矣。夫一時聖集，猶五事證經。況千載交譯，寧可昧其人世哉。昔安法師以鴻才淵鑒，爰撰經錄。〔註3〕

僧祐又云：「爰自安公，始述名錄，銓品譯才，標列歲月。妙典可徵，實賴伊人。」由此推知僧祐之《出三藏記集》，乃據東晉道安《綜理眾經目錄》有所損益而產生。

　　《出三藏記集》全書分爲四大類。僧祐於其序中又云：

> 　　名曰出《三藏記集》，一撰緣起，二銓名錄，三總經序，四述列傳。緣起撰則原始之本克昭，名錄銓則年代之目不墜，經序總則勝集之時足徵，列傳述則伊人之風可見。〔註4〕

撰緣起，記錄三藏於西域天竺結集之過程，以及漢地中原傳譯佛經之狀況。銓名錄，載錄東漢至南朝梁，翻譯佛典之著作，記列其經典題名、卷數、撰譯者、譯時、同異、存佚及眞僞等資料。總經序，記錄漢地中原僧人居士爲漢譯佛典所作之前序及後記。述列傳，收錄後漢至南朝齊僧人之傳記。

　　上述四類中，僅銓名錄屬佛典目錄，其餘皆爲其相關之文獻資料。銓名錄再細爲十五類，其中有根據道安《綜理眾經目錄》之原錄資料，僧祐用「新集安公」四字標註之，共有六錄。其餘九錄皆爲僧祐自創之。僧祐「銓名錄」〔註5〕目錄如下：

（一）、根據《安錄》

〔註3〕同註1 卷一，頁1。
〔註4〕同註1，卷一，頁1。
〔註5〕同註1，卷三—卷五，頁5〜37。

     1. 新集安公古異經錄
     2. 新集安公失譯經錄
     3. 新集安公涼土異經錄
     4. 新集安公關中異經錄
     5. 新集安公疑經錄
     6. 新集安公注經及雜經志錄

（二）、僧祐自創
     1. 新集撰出經律論錄
     2. 新集條解異出經錄
     3. 新集表序四部律錄
     4. 新集律分爲五部記錄
     5. 新集律分爲十八部記錄
     6. 新集律來漢地四部記錄
     7. 新集續撰失譯雜經錄
     8. 新集抄經錄
     9. 新集疑經錄

《出三藏記集》爲現存最古之經錄，起創之功甚大矣。其經典分類較之其後之經錄，稍嫌簡略。然其特色不在「錄」，而在其它三類，緣起、序及傳。其學術價值不在體例，而在其「起」、「序」、「傳」珍貴之文獻資料。

緣起之性質與劉歆《輯略》相同，述經、律、論三藏結集過程，敘佛學之源流也。前序與後記保存了佛學珍貴之文獻資料，朱彝尊《經義考》，每經錄其前序及後跋，即取法於此。詳述列傳，對於經典之撰譯者，達到知人論世之功用。

僧祐《出三藏記集》另一貢獻，即在於新立「異出」與「抄經」此二法門。「異出」一部，將經典之重譯本，羅列備舉以資比較。智旭《閱藏知津》對重譯本之安排，亦將經典之重譯本羅列一起，便於查閱及比較。「抄經」一部，節抄之本，不應與原書同列，故別出。寂曉《大明釋教標目》四卷，性質與其相近。

二、隋‧法經《眾經目錄》

《眾經目錄》七卷，收入佛典共二千二百五十七部。隋法經等二十人奉敕撰，故又稱《法經錄》。此經錄多達二十人共同編撰，故體例較完整，對其後之經錄編撰、佛典目錄學之發展，漸臻完善。

《眾經目錄》書末有上表，述說此經錄編撰之旨義。其文曰：

　　道安法師創條諸經目錄，銓品譯材，的明時代，求遺索缺，備成錄
體。自爾達今二百年間，製經錄者十有數家，或以數求，或用名取，或
憑時代，或寄譯人，各紀一隅，務存所見。獨有楊州律師僧祐，撰《三
藏記集》頗近可觀。然猶小大雷同，三藏雜糅，抄集參正，傳記亂經，
考始括終，莫能該備。自外諸錄，胡可勝言，僧眾既未獲盡見三國經本，
校驗異同。今唯且據諸家目錄，刪簡可否，總標綱紀。〔註6〕

自東晉·道安草創經錄，至隋·法經，已歷時二百年。其間經錄之作皆無可取者。
僅梁·僧祐《出三藏記集》頗近可觀，然其經錄分類不分大、小乘，三藏雜揉，
且錄目亦不夠齊整。故法經等人擬據諸家目錄，刪簡可否，總標綱紀。

　　法經上表中，亦有提到《法經錄》體例架構，曰：

　　　　有四十二分九錄，初六錄三十六分，略示經律三藏大小之殊，粗
　　　顯傳譯是非真偽之別。後之三錄集傳記注，前三分者並是西域聖賢所
　　　撰，以非三藏正經，故爲別錄。後之三分並是此方名德所修，雖不類
　　　西域所製，莫非毘贊正經，發明宗教，光輝前緒，開進後學。故兼載
　　　焉。〔註7〕

《法經錄》經典分類別爲二大類，第一類以大、小乘爲主，第二類以佛滅度後傳
記、著述等爲主。大、小乘之下，再分修多羅藏、毘尼藏與阿毘曇藏等，此即經、
律、論三部分。其下再剖爲六分：一譯分、異譯分、失譯分、別生分、疑惑分及
偽妄分。大、小乘共爲三十六分。佛滅度後下，分抄集錄、傳記錄、著述錄等三
類。其下各再細剖爲西域聖賢分與此方諸德分。

　　一譯，即單譯本。異譯，即重譯本。失譯，即不知譯者姓名者。別生，節本
別題者，於大本內抄出別行。疑惑，即多題注參差，文理複雜，真偽未分者。偽
妄，即已定案爲偽書者。其中一譯、異譯及失譯皆著錄。別生、疑惑及偽妄只存
其目，未著錄。真者入藏，偽者僅存其目，不入藏，此最合目錄體例矣。

　　《法經錄》之學術價值，在於其針對經典之真偽考據，極爲用功。經錄真偽
之考據，本爲佛典目錄學之根本一項，然法經將其獨列一分，特別調出來，是其
一大特色。然其經錄缺乏歷代譯經目錄，讀者無法得知各代譯經狀況。又載錄經
錄時，不錄具體出經時間，影響經目之準確性。異經未按時間順序排列，與譯次
不合。此三點則其缺失也。

〔註 6〕隋·法經《眾經目錄》收錄於《大正新脩大藏經》第五十五冊，卷七，頁 148～149。
〔註 7〕同註 6，卷七，頁 149。

法經《眾經目錄》架構圖

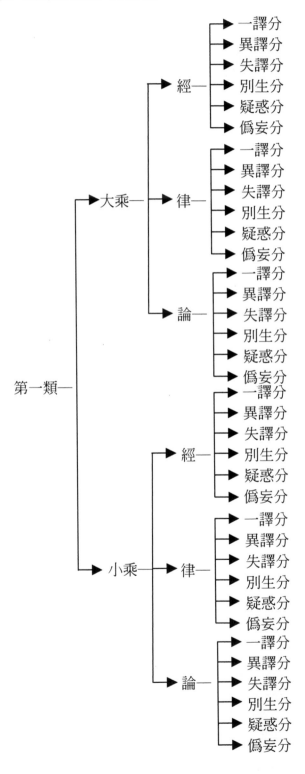

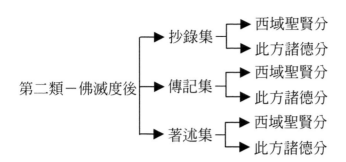

三、隋・費長房《歷代三寶紀》

　　《歷代三寶紀》又稱《開皇三寶錄》、《三寶錄》、《長房錄》，十五卷，共收錄經典二千一百四十六部。隋・費長房撰編，成都人也，隋文帝翻經學士。其書有〈總目序〉，說明編撰大意，曰：

>　　今之所撰集，略准三書以爲指南，顯茲三寶。佛生年瑞，依周夜明，經度時祥，承漢宵夢。僧之元始，城塹棟梁。毘贊光輝，崇於慧皎。其外傍採隱居，《歷年》國志、典墳、僧祐《集記》、諸史傳等，僅數十家。摭彼翠翎，成斯紀翮。扇之千載，風於百王。〔註8〕

費長房有見於「代錄」散落難收，佛法肇興，年載蕪沒。故旁參《歷年》、國志及《祐錄》等文獻資料，編撰《三寶錄》。其書體例，於〈總目序〉有云：

>　　失譯疑僞，依舊注之人，以年爲先，經隨大而次。有重列者，猶約世分，總其華戎，黑白道俗，合有一百九十七人。都所出經律戒論傳，二千一百四十六部，六千二百三十五卷。位而分之，爲十五軸，一卷總目，兩卷入藏，三卷帝年，九卷代錄。代錄編鑒經翻譯之少多，帝年張知佛在世之逕迤，入藏別識教小大之淺深。昔姬潛之鼎出現，彰漢室之將隆。近周毀之法重興，顯大隋之永泰。佛日再照，起自大興之初。經論冥歸，發乎開皇之始。事扶理愜，合此會昌。述紀所由，因斯而作。所以名題稱曰《開皇三寶錄》云，其卷內甄爲〈歷代紀〉。〔註9〕

〈上開皇三寶錄表〉又云：

>　　始自姬周莊王甲午，佛誕西域；後漢明皇永平丁卯，經度東歲；迄今開皇太歲丁巳，歷一千二百七十四載。其間靈瑞、帝主、名僧，代別

〔註8〕隋・費長房《歷代三寶紀》〈總目序〉收錄於《大正新脩大藏經》第四十九冊，卷十五，頁120。
〔註9〕同註8，卷十五，頁120～121。

顯彰，名《開皇三寶錄》，凡十五卷。〔註10〕

《三寶錄》十五卷，前三卷爲帝年，九卷代錄，二卷入藏目，一卷總目。帝年，標註甲子、朝代、年號，及註明其間重要之政事或佛教大事。其帝年始於周莊王十年，終於隋開皇十七年。代錄，敘各代譯經概況，始於後漢，終於隋代。入藏，僅以經、律、論三藏入藏，雜藏不入藏也。經、律、論各分大、小乘，其下再細分有譯、失譯。最後總目，有〈上開皇三寶錄表〉、〈開皇三寶錄總目序〉及全書總目和歷代經錄目錄。

《三寶錄》兼有佛教史及經錄兩種功用，其史料價值甚可貴。其書體例特色有二，一爲通錄古今譯經之名目部卷及人物之「代錄」，由（1）序，述說王朝及佛教狀況及一代譯撰及典籍之總數。（2）目錄，列舉一代譯者之姓名及其出典總數，又錄失譯經總數。（3）正文，敘列每個譯撰者出典之名稱卷數，及撰譯者小傳等三部分組成。

《三寶錄》主要特色之二，爲專入可信經典之「入藏錄」。費長房於〈入藏錄序〉有云：

> 今此藏目，唯取有譯失譯單名，自餘重翻同本別出。舉一多卷，編以爲頭，其外二三，具注於下。情樂誦讀，任從所抄，簡擇集疑，悉除僞妄。合有五百五十一部，一千五百八十六卷。依眾錄判，附此大乘，未覩經身，猶懷惟咎，庶後敏達賢智，共同扇簸糠秕乎！〔註11〕

此錄特色，考年、分代、入藏三部曲。可包含古今存佚。對於譯者之時代，敘說詳盡。又能簡擇重要經論，抄集入藏。

《三寶錄》其缺失在於鈔撮諸家之錄而成，貪博寡識，雖有考證，亦有訛誤。唐·道宣《續高僧傳》有云：

> 時有翻經學士，成都費長房。本預細衣，周朝從廢，因俗傳通，妙精玄理。開皇之譯，即預搜揚。敕召入京，從例修緝，以列代經錄散落難收，佛法肇興，年載蕪沒。乃撰《三寶錄》一十五卷，始於周莊之初。上編甲子，下舒年號，并諸代所翻經部卷目。軸別陳敘，函多條例。然而瓦玉雜糅，眞僞難分，得在通行，闕於甄異。錄成陳奏，下敕行之。所在流傳，最爲該富矣。〔註12〕

《三寶錄》於現存經錄中，號稱最爲賅博。然缺失在於「瓦玉雜糅，眞僞難分。

〔註10〕同註8，〈上開皇三寶錄表〉卷十五，頁120。
〔註11〕同註8，卷十三，頁109。
〔註12〕唐·道宣《續高僧傳》收錄於《大正新脩大藏經》第五十冊，卷二，頁436。

得在通行，闕於甄異。」史料雖豐富，卻無法辨識眞僞。依目錄學而言，此弊甚大矣。

《歷代三寶記》體例架構圖如下：

（一）年表

（二）代錄

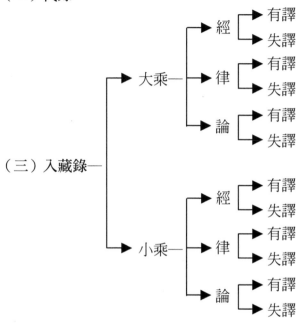

（三）入藏錄—

（四）序傳

四、唐・道宣《大唐內典錄》

《大唐內典錄》十卷，唐・道宣撰。道宣（596～667），俗姓錢，丹徒人。其書共分十錄，收錄佛典二千二百三十二部。又稱《內典錄》，書首有序，說明編撰旨義其體例，其云：

> 今譯從於方言，大約五千餘卷。遷貿更襲，澆薄互陳，卷部單重，
> 疑僞凡聖。致使集錄奔競三十餘家，舉統各有憲章。微麤不無繁雜，今
> 總會群作，以類區分。合成一部，開爲十例，依條顯列，無相奪倫。〔註13〕

其書分爲十錄，其目如下〔註14〕：

〔註13〕唐・道宣《大唐內典錄》收錄於《大正新脩大藏經》第五十五冊，卷一，頁219。
〔註14〕同註13。

歷代眾經傳譯所從錄第一

　　謂代別出經，及人述作，無非通法，並入經收，故隨經出。

歷代翻本單重人代存亡錄第二

　　謂前後異出，人代不同，又遭離亂，道俗波迸，今總計會，故有重單，緣敘莫知，致傳失譯。

歷代眾經總攝入藏錄第三

　　謂經部繁多，綱要備列，從帙入藏，以類相從，故分大小二乘，顯單重兩譯。

歷代眾經舉要轉讀錄第四

　　謂轉讀尋翫，務在要博，繁文重義，非曰被時，故隨部撮舉，簡取通道，自餘重本，存而未暇。

歷代眾經有目闕本錄第五

　　謂統撿群錄校本，則無隨方別出，未能通遍，故別顯目訪之。

歷代道俗述作注解錄第六

　　謂注述聖言，用通未悟，前已雖顯，未足申明，今別題錄，使尋覽易曉。

歷代諸經支流陳化錄第七

　　謂別生諸經，曲順時俗，未通廣本，但接初心，一四句頌，不可輕削故也。

歷代所出疑偽經論錄第八

　　謂正法深遠，凡愚未達，隨俗下化，有勃真宗，若不標顯，玉石斯濫。

歷代眾經錄目終始序第九

　　謂經錄代出，須識其源。

歷代眾經應感興敬錄第十

　　謂經翻東夏，應感徵祥，而有蒙祐增信，故使傳持遠惟。

錄一，記載東漢至唐各代的譯經和撰述。錄二，分別載錄大、小乘（經、律、論）單本及重譯本之作者、譯時、譯地和卷數。錄三，羅列大、小乘經單、重譯本；小乘律；大小乘論；賢聖集傳。錄四，標註諸種重譯本中之善本目錄。錄五，記錄闕本。錄六，記錄撰述。錄七，記錄別生經。錄八，記錄疑偽經。錄九，載錄歷代經錄。錄十，載錄誦持佛經的感應事跡。

　　錄五，闕本錄；錄七，支流陳化錄，此兩錄僅載序言。錄十，應感興敬錄，記載感應神通之事，故上述三錄，不屬經錄。其餘七錄中，較重要者有三錄，即傳譯所從錄、舉要轉讀錄及道俗述作注解錄。〈歷代眾經傳譯所從錄〉即是「代錄」。從其體例上探究，可看出道宣沿用《長房錄》之痕跡。先說時代背景之社

會情況，再說政治與佛教大事，最後再敘說朝代歷代主事者與時間、傳譯道俗共幾人，出典共幾部幾卷。其序言之後之經錄卷目羅列格局，亦與《三寶錄》同。唯《內典錄》共記錄十八代譯經，與《長房錄》相同者有十二代，其餘六代爲《內典錄》新增入者。因《長房錄》先出，故其後之譯經，道宣一併記錄之。

　　《內典錄》另一特色，即〈歷代眾經舉要轉讀錄〉。佛經之譯本，有單譯、重譯及同本異譯等多種類。經錄所錄佛典數量之多，如何判斷經典譯本之優劣，實爲難事。然道宣特立了〈歷代眾經舉要轉讀錄〉一錄，造福了千千萬萬之讀者。道宣於序中有云：

　　　　頃代轉讀，多陷廣文。識鈍情浮，彌嫌觀博。此並在人勤惰，豈以
　　卷部致懷。何以知耶？故心薄淡者，望卷大而眉顰。意專精者，見帙多
　　而意勇。……今則去其泰甚，隨務行藏。舉大部而攝小經，撮本根而捨
　　枝葉。文雖約而義廣，卷雖少而意多。能使轉讀之士，覽軸日見其功。
　　行福清信，開藏歲增其業。〔註15〕

僧祐《出三藏記集》新立「異出分」，將譯本羅列一起，以資參考比較。道宣《大唐內典錄》更進一步，除了並列譯本外，還甄別考校出「善本」。其餘譯本標註「初出」、「第二出」、「第三出」等字樣，此例創自《長房錄》，道宣沿之。並加以改良，能使轉讀之士，覽軸日見其功；行福清信，開藏歲增其業。

　　智旭《閱藏知津》則取上述經錄之優，評比出「巧譯本」先置於前，其餘重譯、同本異譯則置於後。既有巧、拙之分，亦能查閱其它譯本。再者，《知津》之特色在解題，除了體例上有益讀者，體裁上，對閱者助益之功亦甚大矣。

　　《內典錄》〈歷代道俗述作注解錄〉，爲其它經錄所無，其爲漢地佛教撰述之專錄也。智旭《閱藏知津》〈雜藏〉中，有區分西土撰述與此方撰述，可推知受道宣之啓蒙。

　　檢閱道宣《內典錄》十錄，發現〈歷代眾經總攝入藏錄〉中，缺大乘律，可謂美中不足也。

〔註15〕同註13，卷九，頁313。

《大唐內典錄》體例架構圖：

（一）歷代眾經傳譯所從錄

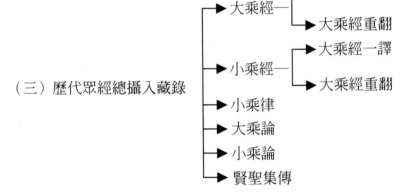

（二）歷代眾經翻本單重人代存亡錄

大乘　→大乘經單重翻本并譯有無錄
　　　→大乘律單重翻本并譯有無錄
　　　→大乘論單重翻本并譯有無錄

小乘　→小乘經單重翻本并譯有無錄
　　　→小乘律單重翻本并譯有無錄
　　　→小乘論單重翻本并譯有無錄

（三）歷代眾經總攝入藏錄

大乘經─→大乘經一譯
　　　　→大乘經重翻

小乘經─→大乘經一譯
　　　　→大乘經重翻

小乘律
大乘論
小乘論
賢聖集傳

（四）歷代眾經舉要轉讀錄
（五）歷代眾經有目闕本錄
（六）歷代道俗述作注解錄
（七）歷代眾經支流陳化錄
（八）歷代所出疑偽經錄
（九）歷代眾經目始終序
（十）歷代眾經應感興敬錄

五、唐・智昇《開元釋教錄》

　　《開元釋教錄》二十卷，又稱《開元錄》，唐智昇編撰。記錄後漢明帝永平十年，至唐玄宗開元十八年間之佛教撰譯述，共收錄佛典二千二百七十八部。智昇〈開元錄序〉有言其書編撰宗旨與體例，其序曰：

夫目錄之興也，蓋所以別真偽，明是非；記人代之古今，標卷部之
多少；摭拾遺漏，刪夷騈贅；欲使正教綸理，金言有緒；提綱舉要，歷
然可觀也。但以法門幽邃，化網恢弘，前後翻傳，年移代謝，屢經散滅，
卷軸參差；復有異人時增偽妄，致令混雜，難究蹤由。是以先德儒賢製
斯條錄，今其存者，殆六七家。然猶未極根源，尚多疏闕。昇以庸淺，
久事披尋。參練異同，指陳藏否，成茲部帙。〔註16〕

蓋智昇有見佛典日益繁多，且前後翻傳，年移代謝。有失譯人者，有失卷者，亦
有後人增入者。縱使先德儒賢，製斯條錄，僅六、七家。智昇認為這些前人之作，
未極根源，且多疏闕。智昇意在編撰一較全面性之經典目錄，以達目錄之功效。

智昇又云：

自後漢孝明皇帝永平十年，歲次丁卯，至大唐神武皇帝開元，所出
大、小二乘，三藏聖教，及聖賢集傳，并及失譯。總二千二百七十八部，
都合七千四十六卷。其見行闕本，並該前數新錄，合二十卷，開為總別。

總錄括聚群經，別錄分其乘藏。二錄各成十卷，就別更有七門。〔註17〕

是《開元錄》分為總、別二大類，總錄括聚群經，別錄分其乘藏。總錄十卷；別
錄亦十卷，細分為七錄及入藏錄。總錄記錄自漢至唐，各朝代翻譯和撰著之佛典。
總錄最後一卷，也就是卷十，其性質與前九卷不同，乃載錄古今諸家目錄，收歷
代佛教經錄四十一家。

別錄包含七錄，及入藏錄。

（一）七錄部份

1. 有譯有本錄：收錄經典上有署名，並有傳本行世之佛典。其下再細分（1）
大乘三藏、（2）小乘三藏及（3）聖賢傳記錄。

大乘三藏即菩薩契經藏、菩薩調伏藏、菩薩對法藏。菩薩契經藏下，再分大
乘經重單合譯、與大乘經單譯。大乘經重單合譯下，又分般若經新舊譯、寶積經
新舊譯、大集經新舊譯、華嚴經新舊譯、涅槃經新舊譯、五大部外諸重譯經等六
小類。菩薩對法藏下，次分大乘釋經論，及大乘集義論。

小乘三藏即聲聞契經藏、聲聞調伏藏、聲聞對法藏。聲聞契經藏亦分小乘經
重單合譯、及小乘經單譯。小乘經重單合譯下，再分根本四阿含經、長阿含經別
譯經、中阿含經別譯經、增一阿含經別譯經、雜阿含經別譯經、四阿含外諸重譯
經等六小類。聲聞調伏藏下，分正調伏藏、及調伏藏眷屬。聲聞對法藏，其下細

〔註16〕同註1，卷一，頁477。
〔註17〕同註1，卷一，頁477。

分有部根本身足論、與有部及餘支派論。聖賢傳記錄下，分梵本翻譯集傳、此方撰述集傳二部分。

2. 有譯無本論：收錄經錄上有署名，但無傳本行世之佛典（名存本闕）。下分大乘經、律、論；小乘經、律、論及賢聖集傳闕本七類。其大乘經闕本下又分重譯闕本，及單譯闕本。重譯闕本再細分般若部、寶積部、大集部、華嚴部、涅槃部、諸重譯經闕本等六項。大乘論闕本包括釋經論闕本，及集義論闕本。小乘經闕本分爲重譯闕本及單譯闕本。重譯闕本又分根本四阿含、長阿含部、中阿含部、增一阿含部、雜阿含部、諸重譯經闕本六項。

3. 支派別行錄：載錄抄出別行之「別生經」。其下分大乘別生經、大乘律別生、大乘論別生、小乘別生經、小乘律別生、賢聖集傳別生等六類。大乘別生經再細分般若部、寶積部、大集部、華嚴部及諸大乘經別生五類。小乘別生經分長阿含部、中阿含部、增一阿含部、雜阿含部、諸小乘經別生等五類。

4. 刪略繁重錄：記錄同本異名，不應作爲漢譯佛經正本之經典。其下分新括出別生經、新括出名異文同經、新括出重上錄經、新括出合入大部經四類。

5. 補闕拾遺錄：記錄舊錄闕題，新翻未載之佛典。

6. 疑惑再詳錄：記錄有疑問之佛典。

7. 僞妄亂眞錄：載錄託名僞造之佛典。

（二）、入藏錄

收錄經甄別，確認眞實無僞，可誦持、收藏之正本佛典。其分大乘入藏錄、小乘入藏錄二大類。大乘入藏錄再細分經、律、論。小乘入藏錄則分經、律、論、賢聖集傳四部分。其經典題名、卷數，與別錄中之「有譯有本錄」相同。

《開元釋教錄》其體例分工之細，前所未有。在佛典目錄學史上，有奠基之功。總錄中之各代譯者及其譯經，皆經過仔細考核，凡確認爲眞實無僞者，則計之譯本之數內。其編排方式，先羅列「見存」之譯本，再敘「闕本」。其刪略繁重錄、補闕拾遺錄、疑惑再詳錄、僞妄亂眞錄等錄。甄別品析，校對考證功夫甚深，將經錄之功能發揮極至。

《開元錄》以前之經錄，僅將菩薩藏與聲聞藏，各區分爲經、律、論三藏。智昇《開元錄》明確以部類爲次第，載錄大、小乘經藏。其大乘經分爲般若、寶積、大集、華嚴、涅槃、五大部外諸經。小乘經則分爲長阿含、中阿含、增一阿含、雜阿含、四大部外諸經。《開元錄》有譯有本錄、有譯無本錄、支派別行錄、入藏錄等，皆運用此分類法。

《開元錄》將律部區分爲「菩薩調伏藏」，及「聲聞調伏藏」。辨釋了大、小

乘律。「聲聞調伏藏」再分次第。先置「正調伏藏」，再編列「調伏藏眷屬」。智
昇曰：

> 夫戒者，防患之總名也。菩薩淨戒，唯禁於心。聲聞律儀，則防身
> 語。故有託緣興過，聚徒訶結。菩薩大人，都無此事。佛直爲說，令使
> 遵行，既無犯制之田，故闕訶結之事。〔註18〕

又云：

> 調伏藏者，經云，勝故，祕故，佛獨制故。如契經中，諸弟子說法，
> 或諸天說，律則不爾，一切佛說。〔註19〕

智昇特別強調「律」重要性及其地位。認爲「律」應由佛獨制，故有「正調伏藏」
與「調伏藏眷屬」之分。

　　智昇將「大乘論」別爲二類，一爲解釋契經，一爲詮法體相。解釋契經即是
「釋經論」，詮法體本即是「集義論」。

　　智旭於「賢聖集傳錄」序中有明敘此錄之收錄標準，其曰：

> 一讚揚佛德，二明法眞理，三述僧行軌，四摧邪護法，五外宗異軌。

〔註20〕

《開元錄》整體之體例架構安排、細密之分類法則、「入藏錄」經典之範圍、「千
字文」之運用等，皆爲後代經錄家所沿用，在佛典目錄學上，有承先啓後之功。

〔註18〕同註1，卷十二，頁605。
〔註19〕同註1，卷十三，頁618。
〔註20〕同註1，卷十三，頁618。

《開元釋教錄》體例架構圖：

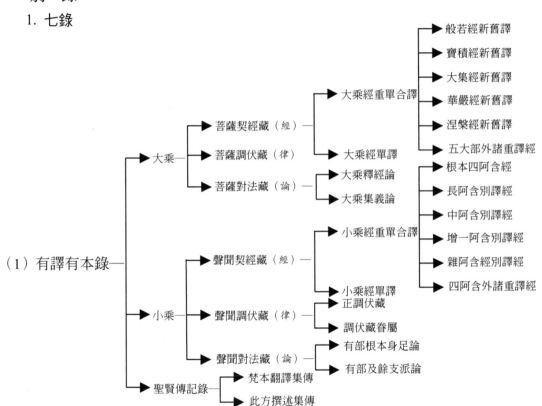

總　錄──▶ 漢至唐各代撰著及翻譯之佛典
　　　　──▶ 古今諸家目錄

別　錄

1. 七錄

（1）有譯有本錄

大乘──菩薩契經藏（經）──大乘經重單合譯──般若經新舊譯／寶積經新舊譯／大集經新舊譯／華嚴經新舊譯／涅槃經新舊譯／五大部外諸重譯經
　　　　菩薩調伏藏（律）──大乘經單譯
　　　　菩薩對法藏（論）──大乘釋經論／大乘集義論

小乘──聲聞契經藏（經）──小乘經重單合譯──根本四阿含經／長阿含別譯經／中阿含別譯經／增一阿含別譯經／雜阿含經別譯經／四阿含外諸重譯經
　　　　聲聞調伏藏（律）──小乘經單譯／正調伏藏／調伏藏眷屬
　　　　聲聞對法藏（論）──有部根本身足論／有部及餘支派論

聖賢傳記錄──▶ 梵本翻譯集傳
　　　　　──▶ 此方撰述集傳

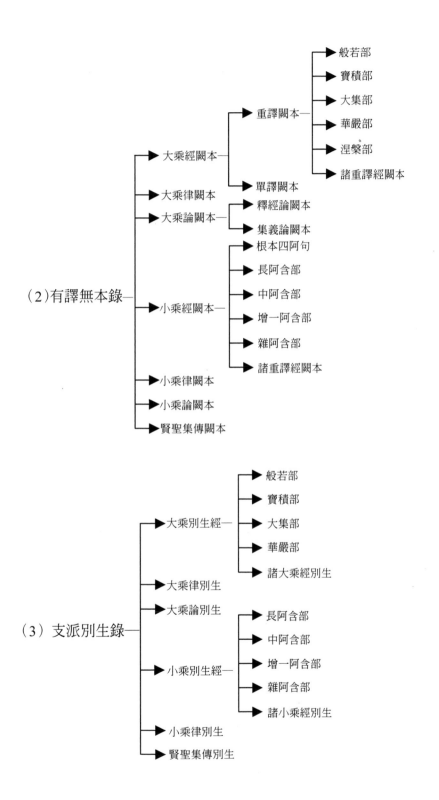

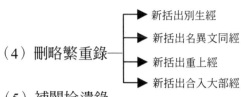

（4）刪略繁重錄 —— 新括出別生經
　　　　　　　　　　新括出名異文同經
　　　　　　　　　　新括出重上經
　　　　　　　　　　新括出合入大部經

　（5）補闕拾遺錄
　（6）疑惑再詳錄
　（7）偽妄亂眞錄
　2. 入藏錄

第二節　解題目錄之發展

　　北宋・惟白《大藏經綱目指要錄》，爲現存最古之佛典解題目錄。與梁・僧祐
《出三藏記集》相同情形，在《指要錄》成書之前，已有佛典解題、索隱之作，
然其書皆已失佚。據文獻資料載錄，宋・志磐《佛祖統紀》載錄曰：

　　　　右街應制沙門文勝，奉敕編修大藏經隨函索隱，凡六百六十卷。〔註21〕
此言「索隱」，蓋其功能、性質與解題相似。其依「函」號編撰，共六百六十卷，
可見內容之龐大。其爲第一部依《大藏經》編次，佐助讀者閱藏之解題著作，有
「解題目錄」開創之功。

　　再據《佛祖統紀》：

　　　　二年，詔賜天台教文入藏，及賜白金百兩，飯靈山千眾。慈雲撰《教
　　藏隨函目錄》，述諸部著作大義。〔註22〕
遵式編著《教藏隨函目錄》，述諸部著作大義，此即《大藏經》解題也。北宋・惟
白認爲佛典提要有五利，故撰《大藏經綱目指要錄》，此爲繼上述二書後，現存最
早之「佛典解題目錄」。

　　與惟白同時之王古，撰作了《大藏聖教法寶標目》，解經數量較惟白多三百多
部，解經方法與惟白亦不同。兩書互爲輔佐，故詳細述說之。

　　較智旭年代早之寂曉，一改智昇《開元釋教錄》〈入藏錄〉之經典編次。對智
旭之影響最直接，且最深刻。故深入探究之。以下針對上述三部佛典解題著作，
分別闡述之。

〔註21〕宋・志磐《佛祖統紀》收錄於《大正新脩大藏經》第四十九冊，卷四十三，頁395。
〔註22〕同註21，卷四十五，頁408。

一、北宋・惟白《大藏經綱目指要錄》

　　《大藏經綱目指要錄》八卷，其卷二、卷四、卷五、卷六及卷七分上下卷，共解題一千零五十部經典，北宋・惟白撰。又稱《大藏綱目》、《指要錄》。書前無序，書末有三篇敘說佛學相關學術知識之篇章，具學術參考價值〔註23〕。

　　首篇敘說竺天祖師傳法、偈頌、讖語、生緣、翻譯，在於何時流通，載於何代。次敘「禪教五派宗源述」，對禪宗、賢首宗、慈恩宗、天台宗、南山諸教門法師等五大宗派，闡敘其源流及傳承。再曰「大藏經綱目指要錄五利五報述」，敘及《大藏經綱目指要錄》之成書過程，及其編撰宗旨。其五利五報，即是佛典解題目錄之功能介紹也。其功廣被眾人，佛學初學者、僧尼、法師講演者、樂於注撰者、無因披教者、乃至有緣看藏者，助益因人而多寡有異。

　　《大藏經綱目指要錄》之解題編次為大乘經、大乘律、大乘論、小乘經、小乘律、小乘論及聖賢傳記。其所解題之經典，大致以《開元釋教錄》之〈入藏錄〉為主，而有所取捨。另聖賢傳記，亦有新收《開元釋教錄》之後之著作。故惟白所解題之經典，少於《開元釋教錄》。

　　《指要錄》解題撰作體例，可分下例幾點明說之：

（一）標註目錄

　　《指要錄》除卷一無目錄外，其餘卷二至卷八，其卷首皆明列目錄。方便閱者作查閱，以達目錄之功用。例：

　　大藏經綱目指要錄卷第二上

　　目錄

　　大般若經　自四百七十九卷至六百卷

　　放光般若經　二十卷

　　摩訶般若經　二十七卷〔註24〕。

（二）逐卷解說經典

　　《指要錄》之解題，不管多如六百卷之《大般若經》〔註25〕，或是少如四卷之《勝思惟梵天經論》〔註26〕，皆逐卷解說之。不因卷帙繁多而概略述之，亦不因卷少而省略之。

〔註23〕北宋・惟白《大藏經綱目指要錄》收錄於《法寶總目錄》第二冊，新文豐出版公司，民國91年修訂版，一版四刷，頁771。

〔註24〕同註23，頁593。

〔註25〕同註23，頁571。

〔註26〕同註23，頁571。

（三）經典題名下，先總敘「摘要」，後注解經典題名

對於部帙多之佛典，其經典題名之下，先簡略闡敘此經之大概，其後再逐品解題。最後再針對題名「大寶積經」四字作注解，並縮小字體標示之。例：《大寶積經》：

> 《大寶積經》唐先天中。南天竺三藏菩薩流志譯二十六會，前後法師譯二十三會，流志勘同梵本，依次編成一百二十卷，共四十九會。其所標題者，以如來坐大妙寶蓮花座。十億摩尼寶及無量寶，以爲莊嚴。所說法要亦如摩尼大寶瑩淨圓明，又聚其多會成此一部聖典，故約義約喻立題耳。
>
> 大，簡小爲義；寶，眾愛爲義；積，廣多爲義；經，貫穿爲義。〔註27〕

（四）解經順序依循佛典之科例

解題順序依佛典之層次結構，依「處」，「會」，「品」，「卷」爲序。以《華嚴經》〔註28〕爲例，《華嚴經》八十卷，分七處，九會。《華嚴經》菩提場第一會，六品十一卷，普賢菩薩說；普光明殿第二會，經四卷共六品，文殊師利說；忉利天第三會，經三卷，計六品，法慧菩薩說；……逝多林第九會，經二十一卷，只一品，如來神力故說。解題之編次，先敘第一會第一品之第一卷，再而第二卷。第一品敘說完畢，再說第二品；第一會全解題完，再續說第二會。第九會僅一品，共二十一卷，故第二十一卷爲最後解說之作。

（五）經典解題完畢，作一「結語」

針對部帙較多之經典，惟白逐會逐品逐卷解題後，撰作一段結語，述說此經之重要性。與經典題名下之「摘要」，前後呼應。例《大集經》：

> 右《大集經》六十卷，如來在色欲二界中間，化大寶坊。大集十方聖，……細閱而依行，則如來常出現世矣。〔註29〕

（六）「別生經」、「重譯本」，採「參見」解題法

對於從大部帙經典中異出之「別生經」、「重譯本」等，大部經典已詳細解題，故用「參見」之法，不再贅述。

（七）註解佛學之「科名相」

惟白解題完六百卷之《大般若經》後，續說了般若八十餘「術語」、「名相」。

〔註27〕同註23，頁607。
〔註28〕同註23，頁624。
〔註29〕同註23，頁622。

先列出名相或術語，再用小字注解。以「五蘊」〔註30〕爲例：

色蘊　積聚虛假

受蘊　領納資貪

想蘊　取像奔馳

行蘊　微細遷流

識蘊　熾然了別

惟白對卷數較多之經典，解說詳細，使有心閱藏者，事半功倍。《大藏經綱指要錄》除解說經典之內容外，其「摘要」、「結語」、「科名相注解」及卷末之三篇短篇著作等，具有豐富之史料價值，頗有參考價值。其爲最早之「佛典解題目錄」，對其後之佛典目錄發展，有奠基之功也。

二、北宋王古《大藏聖教法寶標目》

《大藏聖教法寶標目》十卷，北宋王古所撰著。又稱《法寶標目》、《標目》。王古，字敏仲，清源居士。志磐標註爲八卷，《法寶總目錄》標註爲十卷。《佛祖統紀》云：

> 尚書王古因閱大藏，撰《法寶標目》八卷。其法於每經之下，錄出因緣事跡、所說法門，使覽題便能知旨。沙門梵眞爲對校，刻其板於永嘉。〔註31〕

智旭曰：

> 《大藏聖教法寶標目》十卷　元王古撰　依《勘同總錄》略標各經卷帙，及品數大旨。〔註32〕

南宋陳振孫亦已云：

> 《法寶標目》十卷，戶部尚書三槐王古敏仲撰。以藏諸函隨其次第爲之目錄，而釋其因緣。凡佛會之先後，華譯之異同，皆是著之。古，旦之曾孫，入元祐黨籍。〔註33〕

志磐所見到之《大藏聖教法寶標目》爲八卷，南宋陳振孫已標註爲十卷，《法寶總目錄》亦載錄十卷。蓋其初成時爲八卷，至南宋已刻爲十卷，今所流傳即十卷本。

王古何時人也？。彭際清《淨土聖賢錄》曰：

〔註30〕同註23，頁599。

〔註31〕同註21，卷四十六，頁419。

〔註32〕明・智旭《閱藏知津》下冊，新文豐出版公司，民國62年6月初版，卷四十四，頁13。

〔註33〕南宋・陳振孫《直齋書錄解題》卷八　臺灣商務印書館，57年3月台一版，頁230。

宋‧王古，字敏仲，東都人，文正公旦之曾孫也。其先七世持不殺
戒，古更發心放生命一百萬。〔註34〕
智旭認為王古為元朝人，然根據彭際清《淨土聖賢錄》所載，再旁參陳振孫之說，
故王古乃宋時人，智旭誤。
　　《大藏聖教法寶標目》書首有王古自序偈，闡述其撰作旨趣，王古曰：
　　　　我今于法寶，願作勝妙緣。若以一毛端，測量太空界。如說須彌頂，
　　是諸天住處。如指海波中，大魚龍窟宅。廣大殊勝處，非一言可盡。然
　　其所標顯，舉要非妄謬。……以此勝功德，願常在佛會。一音所演法，
　　歷耳永不忘。如海受大雨，亦如水傳器，持以利眾生，如法界無盡。〔註35〕
王古擬於浩瀚如海之佛典中，替眾生關建一條指引大道。對於未閱經典者，能植
其菩提根。對於未遍閱經者，能崑山取片玉，滄溟采如意。依其所需，取其所欲。
對於已遍閱經典者，能溫故撿忘誤，釋然得本明。溫故知新，增進知能，辨其真
偽。故曰「以利眾生。如法界無盡」。可見王古立願之宏大。
　　其解題撰作特色，依藏經編次安排，及解題撰作體例，茲分別述之：
（一）藏經編次：
　　《大藏聖教法寶標目》十卷，卷一至卷九前半部，為唐‧智昇《開元釋教錄》
之「入藏錄」提要。第九卷後半部，為唐‧圓照《貞元新定釋教目錄》新編入藏
經之提要。第十卷為宋代新譯經及唐宋五部撰述之提要。共解題一千三百九十八
部佛典。
（二）解題撰作體例：
　　其解題撰作並無一致，可分四類：
1. 單部佛典一段解題：針對一部佛典，作一段解說，如：
　　《伅真陀羅所問如來三昧經》三卷
　　　右伅真此言樹，謂天伎樂神，即乾達婆王名也。大緊那羅王經與此本
　　同譯別，伅徒門反。〔註36〕
　　《慈心因緣不食肉經》
　　　右說釋迦佛因地為白兔王，彌勒為仙人，入山修梵行。暴水七日不得

〔註34〕彭際清《淨土聖賢錄》新文豐出版公司，民國76年6月一版二刷，民國80年9
　　　月一版三刷，頁242。
〔註35〕宋‧王古《大藏聖教法寶標目》〈序偈〉收錄於《法寶總目錄》第二冊，新文豐出
　　　版公司，民國91年修訂版，一版四刷，頁773。
〔註36〕同註35，頁789。

食，兔王捨身火中供養，故超劫成道〔註37〕

2. 單部佛典一句解題：針對一部佛典，作一句解說，如

　　《菩薩生地經》

　　　右佛爲長者子差摩竭說菩薩行。〔註38〕

　　《菩薩行五十緣身經》

　　　右說佛身相好因地功德。〔註39〕

3. 多部經典一段解題：針對數部佛典，作一段字數不一之解說，如：

　　《灌佛形像經》

　　《摩訶剎頭經》

　　《浴像功德經》

　　《浴像功德經》

　　　右四經本小有異，譯別，說供養舍利及造佛像，以香水灌浴佛像，諸

　　　供養中最爲殊勝，所獲福德無量無邊。〔註40〕

4. 多部經典一句解題：針對數部佛典，作一句解說，如：

　　《唯識二十論》

　　《唯識三十論》

　　《大乘唯識論》

　　　右天親菩薩造。〔註41〕

5. 大、小乘經「別生經」、「重譯本」之解題：

　　（1）對於大乘經般若、寶積、大集、華嚴、涅槃等五大部之別生經，直說重
出處。例：

　　《文殊師利所說不思議佛境界經》二卷

　　　右與寶積第三十五善德天子會同本異譯，**解在寶積**。〔註42〕

　　（2）對於小乘經長阿含、中阿含、增一阿含、雜阿含等別生經，先敘大要，
再敘重出之處。

　　《佛母般泥洹經》

　　　右說佛乳母證果入泥洹，二經同本異譯。**出增一阿含經第五十卷大愛**

〔註37〕同註35，頁807。
〔註38〕同註35，頁799。
〔註39〕同註35，頁789。
〔註40〕同註35，頁796。
〔註41〕同註35，頁811。
〔註42〕同註35，頁783。

道般涅槃品。〔註43〕

《大藏聖教法寶標目》與《大藏經綱目指要錄》成書時代相近,然其性質卻大不同。惟白《大藏經綱目指要錄》,解經逐會、逐品、逐卷,雖繁冗,卻較清晰。王吉《大藏聖教法寶標目》,一經一解,甚至數經一解,故甚簡略。姚名達曾云:

> 譬於四庫,白錄有如《總目提要》;古目有如《簡明目錄》,雖精粗有別,繁簡懸殊,而相得益彰,委係佛錄之要籍,碻初涉佛籍。〔註44〕

兩部著作,解題範圍不盡相同,解題性質迥異,故互為旁參、佐證、糾補。智旭《閱藏知津》之所以重要,惟白、王古之功不可沒矣。王重民有云:

> 公元一一〇五年,釋惟白編的《大藏經綱目指要錄》八卷,是第一次建成的一部空前的佛經提要目錄。同時王古編的《大藏聖教法寶標目》八卷,則題一部比較簡明的佛經提要目錄。現在通行的釋智旭的《閱藏知津》(公元一六五六年編成),就是在釋惟白和王古所建成的新體系下所編成一部更實用的佛經提要目錄。〔註45〕

三、明‧寂曉《大明釋教彙目義門》

《大明釋教彙目義門》四十一卷,明‧寂曉編撰。又稱《釋教彙目義門》、《彙目義門》、《義門》等。共解題一千八百零一部佛典。前有《彙門目錄》四卷、《彙門標目》四卷。《彙門目錄》先敘總目,後敘佛典之南北藏函號,及其卷數。《彙門標目》則敘各佛典之簡略提要。《大明釋教彙目義門》首有廣莫之〈序〉,及周從龍之〈序〉。闡述寂曉撰作宗旨。廣莫云:

> 我友蘊空禪師,披閱藏乘,三周其文,非徒誦其文,實得其心於無說無聞之際。余嘗與語,恍然悟,春然解,非庖丁之謂與?嗟余抱終身之惑而不可解,乃今直後而不翅也。師於禪暇所輯三藏閫義,題曰《大明釋教彙目義門》,計四十一卷。其所詮表,蓋取前人之所長,而補前人之所闕,訂正重單,區分詮次,故曰『彙目』。一遵天台五時而綸貫群經,則雅契佛心,時味無濫,有本可據矣。又能隨經撫義,附於本名之下,以諸論疏各歸其源,故曰『義門』。然義門有所自來,非臆說也,蓋遠祖竺乾優波提舍之意。優婆提舍,此翻『義門』,良以傍經割義,令人探其名而遂見大猷故耳。又於藏外,耳之所聞,目之所觀,有俾益於性靈,

---

〔註43〕同註35,頁817。

〔註44〕姚名達《中國目錄學史》臺灣商務印書館,民國77年2月 臺九版,頁305~306。

〔註45〕王重民《中國目錄學史論叢》中華書局,1984年,北京,頁130。

輔佐於佛乘者，採之成一家言。〔註46〕

廣莫之〈序〉，闡述寂曉《大明釋教彙目義門》之由來，並註解了「彙目」與「義門」之義，及其撰作宗旨。周從龍亦有〈大明釋教彙目義門・序〉，曰：

> 蘊空禪師獨罄三十年精力，檢閱研究，至眼暈腕勞，不爲少輟。遂從南北二藏教典，節次其題目，表章其品文，一倣天台判教科儀，都爲四十五卷，題曰《大明釋教彙目義門》，條析章分，該詳簡覈，直使開卷披誦之下，皆可去繁而得要，望徑而知歸。〔註47〕

周從龍所說四十五卷，除《大明釋教彙目義門》四十一卷外，另包含《大明釋教彙門標目》四卷。其說明寂曉據南北二藏，依經解題。並以天台五時叛教科儀，爲大乘經編次，此即是寂曉解題撰作特色之一。

寂曉於經典解題之前，有《大明釋教彙目義門目錄》，記錄每卷之經典分類科別。有《大明釋教彙目義門釋例》，前敘述佛經目錄發展過程，後解說解經之編次，及撰作體例。寂曉曰：

> 寂曉宿生慶幸，豫憑法門。閱南北藏經，及疏論千有餘卷。性鈍苦忘，輒筆記大意，至積簏盈袠，彼此比詳。南北函卷，先後更置，部類不分，相從與否。率意倣古，條錄銓次，而《開元錄》別分乘藏，與如來說法時次莫能相通。〔註48〕

自唐・智昇《開元釋教錄》撰就以後，撰作經錄，對於經藏之分類、編次及範圍，悉依智昇規範。然寂曉認爲《開元釋教錄》別分乘藏之層次順序，與如來說法之時序不同，莫能相通，遂不採。故閱讀南北二藏時，重新別類。寂曉又曰：

> 故統撿群錄，重搜藏典。遡崛山結集，始緣此方判教儀式，不揣已愚，以所錄本集成八部，隨科分重單經傳，有四十一分。既依義銓次經目，仍於題下出經文大意，並論疏旨趣，亦撮略成文，附入經部之後，計四十一卷，題名曰《大明釋教彙目義門》。復出《彙門目錄》四卷，標顯本部某經某論，南藏某字函，北藏某字函，未入藏者，圈出曰『撰錄

〔註46〕明・廣莫《大明釋教彙目義門》〈序〉收錄於《四庫未收書輯刊》參輯・二十冊，明萬曆四十七年刻本，四庫未收書輯刊編纂委員會編，北京出版社，1998 年，頁 295～296。

〔註47〕明・周從龍《大明釋教彙目義門》〈序〉收錄於《四庫未收書輯刊》參輯・二十冊，明萬曆四十七年刻本，四庫未收書輯刊編纂委員會編，北京出版社，1998 年，頁 297～298。

〔註48〕明・寂曉《大明釋教彙目義門》〈釋例〉收錄於《四庫未收書輯刊》參輯・二十冊，明萬曆四十七年刻本，四庫未收書輯刊編纂委員會編，北京出版社，1998 年，頁 306。

續入本』。提頓綱宗，品目斯備，俾夫尋覽之者，知本末之有歸焉。〔註49〕
按寂曉《釋例》所云，《大明釋教彙目義門》分爲八類，四十一卷。於每經題下略述大意，論疏旨趣，其後有《大明釋教彙門目錄》四卷。然依明萬曆四十七年刻本所載，《大明釋教彙目義門》附《彙門目錄》四卷、《彙門標目》四卷。《彙門目錄》經典題名上有標註南北二藏之函號，下標註卷數。《彙門標目》則簡略介紹經典，部份經典亦未解說。寂曉說《彙門目錄》載錄南北二藏函號，又圈出「撰錄續入本」，且提頓綱宗，品目斯備，卻與事實之載錄不同。蓋後人從《彙門目錄》再分出《彙門標目》，有以致之。

《大明釋教彙目義門》解題撰法，於經典題名之下，標註卷數、作者，其後再解題，述說大意。全書共分八類，此分類法爲寂曉所自創，一改前人般若爲先，而以華嚴爲首。其編次如下〔註50〕：

（一）華嚴部：下分四小類，1. 重單譯經單本；2. 重譯經單重本；3. 單譯釋經論本；4. 此方釋經疏論集本。

（二）阿含部：下分五小類，1. 重單譯經單本；2. 重譯經單重本；3. 單譯五分律攝集本；4. 重單譯集義論單本；5. 重譯集義論單重本。

（三）方等部：下分四小類，1. 重單譯經單本；2. 重譯經單重本；3. 單譯釋經論本；4. 此方釋經疏記本。

（四）般若部：下分五小類，1. 重單譯經單本；2. 重譯經單重本；3 重單譯釋經論單本；4. 重譯釋經論單本；5. 此方釋經疏記本。

（五）法華部：下分四小類，1. 重單譯經單本；2. 重譯經重本；3. 重譯釋經論本；4. 此方釋經疏記本。

（六）涅槃部：下分四小類，1. 重單譯經單本；2. 重譯經單重本；3. 單譯釋經論本；4. 此方釋經疏記本。

（七）陀羅尼部：下分七小類，1. 重單譯經單本；2. 重譯經單重本；3. 重單譯儀軌單本；4. 重譯儀軌單本；5. 單譯集義論頌本；6. 此方傳集法本；7. 此方釋經疏記本。

（八）聖賢著述：下分八小類，1. 重單譯集義論單本；2. 重譯集義論單重本；3. 此方集義論釋集本；4. 重單譯經傳集單本；5. 重譯經傳單重集本；6. 此方天台教典本；7. 此方諸家傳記集本；8. 此方禪宗集錄本。

《大明釋教彙目義門》分類特色有以下幾點：

〔註49〕同註48。
〔註50〕同註48，頁301～305。

1. 突破《開元釋教錄》所定「乘藏」分類法。智昇以大乘經、律、論,小乘經、律、論,末列賢聖集傳為編次慣例。寂曉則以上述八大類為編次順序。

2. 寂曉前人之經錄,大乘經藏按般若、寶積、大集、華嚴、涅槃五層次,依序解題。《大明釋教彙目義門》則異之,以「五時」為分類依據。按佛陀說法之五階段,華嚴時,阿含時,般若時,法華時,涅槃時,將佛典作分類。

3. 寂曉分類中之第七類—「陀羅尼部」,前人經錄皆未有此類部,寂曉新增之,統收密教經典。

4. 大乘經典中,捨去「大乘律」之類部,將其散至大乘經及大乘論經典中。另於各部之下,以經、論、疏記為序,「經」,包含「重單譯經單本」與「重譯經單重本」。「論」,包含「單譯釋經論本」、「重單譯釋經論單本」、「重譯釋經論本」。「疏記」,包括「此方釋經疏本」、「此方釋經論集本」、「此方釋經疏記本」、「此方傳集法本」。

5. 《大明釋教彙目義門》以前之經錄,小乘經典分為小乘經、小乘律及小乘論三類。寂曉則以阿含部統收小乘經典。

《大明釋教彙目義門》分類之缺失:

1. 將大部類之經典與其別生經、同本異譯分開安置。分別編置於「重單譯經單本」及「重譯經單重本」中。閱者不易知曉佛典之傳譯情形。

2. 大乘經、律、論,與小乘經、律、論不再是分類專科,使部分著名大乘論,如《瑜伽師地論》〔註51〕必須編入「聖賢著作」,造成此類內容龐雜,且不易查閱。

第三節 《閱藏知津》之價值與影響

智旭年三十發心閱藏,隨閱隨記,費時二十春秋完成《閱藏知津》。對經典部類之分類法,吸取前人解經之經驗,將佛典目錄篇章重新改造,以嶄新面貌示人。茲將其書之價值與貢獻敘述如下:

一、大乘經典以「華嚴部」為首

寂曉《大明釋教彙目義門》,首次打破歷代經藏編排,以「般若部」為首之慣例,改以「華嚴部」為首,此觀念智旭繼承之。然寂曉與智旭雖同以「華嚴部」為首,整體部類編次卻大不同。寂曉以華嚴部、阿含部、方等部、般若部、法華部、涅槃部、陀羅尼部、聖賢著述九大類,為第一層分類。各部類之下,再分經、

〔註51〕同註48,頁574～584。

論、疏記三類，為第二層編次。智旭則以經藏、律藏、論藏、雜藏等四大部為首層分類，經藏下再分大乘經與小乘經。大乘經以五時判教順序編排，即華嚴部第一，方等部第二，般若部第三，法華部第四，涅槃部第五。此五部為第二層分類。

《閱藏知津》大乘經藏佛典編次方法，亦為後人佛藏編次時所採用。《大日本校訂縮刻大藏經》〔註 52〕、《大日本續藏經》〔註 53〕此兩套大藏經，其大乘經之編次順序，皆依智旭首華嚴，終涅槃之法。

陳鴻飛〈佛教典籍分類之研究〉文中提及：

近來學術發達，典籍日繁，分類益為重要。從事探研者亦不乏人。

據所知其較為詳備，且合於科學者，有下列七家：一、頻伽精舍主人分類法；二、日本續藏經分類法；三、王文山分類法；四、陳子彝分類法；五、支偉成分類法；六、王雲五分類法；七、劉國鈞分類法。〔註 54〕

第一家，頻伽精舍主人分類法，即《頻伽藏》。第二家，日本續藏經分類法，即《卍續藏》。其餘陳子彝分類法〔註 55〕，支偉成分類法〔註 56〕，劉國鈞分類法〔註 57〕等，皆認同智旭之法。依陳鴻飛所列七家，即有五家採用智旭之分類編次法。表示此分類法之理論依據，有系統且具合理性。若非對佛典有全面性之認識瞭解，斷難能有此創舉。

二、大乘論藏下分釋經論、宗經論及諸論釋

檢核歷代經錄，大乘論藏不分類者，如唐‧道宣《大唐內典錄》；分「釋經論」、「集義論」者，唐‧智昇《開元釋教錄》，然僅收天竺之著作。《閱藏知津》論藏下分大乘論、小乘論，已比《大唐內典錄》劃分清晰。大乘論下又區分釋經論、宗經論、諸論釋；各釋論部下再細分西土與此方。這樣層次分明之分類法，讀書能依所需，快速且正確找到目標，確能盡目錄之功能。

《大日本校訂大藏經》大乘論，分為印度大乘宗經論、印度大乘釋經論、印

〔註 52〕〈大日本校訂縮刻大藏經目錄〉收錄於《法寶總目錄》第二冊，頁 439～473。此藏經為《頻伽藏》底本。

〔註 53〕〈大日本續藏經目錄〉收錄於《法寶總目錄》第二冊，頁 509～560。此藏經也稱《卍續藏》或《續藏》。

〔註 54〕陳鴻飛〈佛教典籍分類之研究〉收錄於《佛教目錄學述要》張曼濤編，現代佛學學術叢刊，大乘文化出版社，民國 67 年 4 月初版，頁 112。

〔註 55〕陳子彝為中國中央大學蘇州圖書館編目主任，民國 18 年所編撰《中央大學區之蘇州圖書館分類法》，第 370 號為佛學類。

〔註 56〕支偉成為江蘇省第一圖書館館長，其所編《國學用書類述》中，有載錄「佛學」一類。

〔註 57〕劉國鈞《中國圖書分類法》頁 15，載錄佛學分類法。

度大乘諸論釋等三類。此三分法與《閱藏知津》分類一樣，不同者乃在於《大日本校訂大藏經》僅收印度著作。智旭將此土大乘論亦收錄，相較之下，佛典之載錄更全面性。佛教東傳至明末，歷時已久，中原此土著作，數量不在少數，重要著作亦不少。故智旭之分類，可使佛典之載錄更清楚，且條理分明。

三、設立雜藏

　　依智旭於《閱藏知津・凡例》所言，雜藏所收經典，即為大乘論和小乘論已收之外的西土印度佛教撰述，以及大乘論已收之外的中原此土佛教撰述。智旭以宗派、文體、內容為分類依據，將「雜藏」加以細分類別，共分十五項，為第一層分類。第十五項為新增之「應收入藏此土撰述」，其下再依宗派、文體、內容等再分十小類，為第二層分類。此類既以「雜」為名，即代表其所包含之內容多元化。

　　前人對此類之佛典，多以「聖賢著述」、「聖賢傳紀」統稱。北宋・惟白載錄於《大藏經綱目指要錄》第八卷，並無再細分項目；明・寂曉收錄於《大明釋教彙目義門》第八類，第二十八卷至第四十一卷〔註58〕。所收錄佛典數量之多且雜，皆遠超過其它部類。雖有分為八細目，且將此方別類出來，但其依譯本種類為分類依據，無法顧名思義。然智旭以佛典之特殊性為分類依據，觀看其分類之細項，即能了解所收錄佛典之性質。智旭用心於此藏分類上，由其細目題名安排及層次分明中可看出。

　　《大日本校訂大藏經》將雜部佛典分為「支那撰述」、「日本撰述部」二大類。「支那撰述」下分經疏部、諸宗部、傳記部、纂集部、護教部、目錄部、音義部、序讚詩歌部等部。經疏部下分經疏部、論疏部及懺悔部等三類。諸宗部下分三論宗、法相宗、華嚴宗、天台宗、淨土宗、禪宗等。「日本撰述部」則依宗派細分為十五宗。

　　將《閱藏知津》〈雜藏〉與《大日本校訂大藏經》撰述類作比較，很明顯看到《大日本校訂大藏經》之分類法，受智旭影響很深。《大日本校訂大藏經》僅對智旭〈雜藏〉分類細目作稍許更動，隨處可見《閱藏知津》對其影響之影子。其後再加「日本撰述部」一類。蓋此大藏經為日本所編撰，故新增「日本撰述部」。由此再一次證明智旭《閱藏知津》之影響及其學術價值。

〔註58〕同註48，頁574～718。

《大日本校訂大藏經》撰述類體例架構圖：

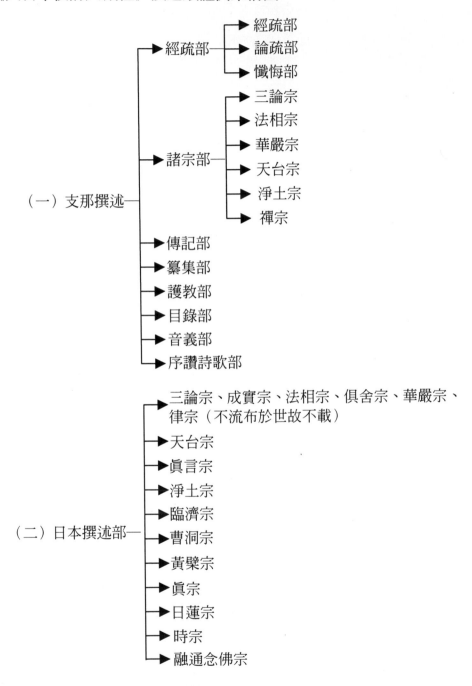

（一）支那撰述
- 經疏部
  - 經疏部
  - 論疏部
  - 懺悔部
- 諸宗部
  - 三論宗
  - 法相宗
  - 華嚴宗
  - 天台宗
  - 淨土宗
  - 禪宗
- 傳記部
- 纂集部
- 護教部
- 目錄部
- 音義部
- 序讚詩歌部

（二）日本撰述部
- 三論宗、成實宗、法相宗、俱舍宗、華嚴宗、律宗（不流布於世故不載）
- 天台宗
- 眞言宗
- 淨土宗
- 臨濟宗
- 曹洞宗
- 黃檗宗
- 眞宗
- 日蓮宗
- 時宗
- 融通念佛宗

四、對大部帙之佛典解題詳細

　　現存所見四部大藏經解題著作，對大部帙佛典解題，特色各異。惟白《大藏經網目指要錄》逐處、逐會、逐品、逐卷解題，雖詳細，卻略嫌冗繁；王古《大

藏聖教法寶標目》解題不分會、品、卷，僅對經典作摘要，微覺簡略；寂曉《大明釋教彙目義門》大部帙經典解題，以品為單位，僅以數十字介紹此品之大意。較之前二部著作，寂曉之《彙目義門》可說解題最適中，不致太簡，亦不太冗繁。

　　智旭《閱藏知津》對大部帙經典之解題，與寂曉一樣，按品解題。然與寂曉不同處，在於對於每一品之解題，更詳細。智旭每品解題，多以數百字解說之，較之寂曉以數十字解說，資料當然更豐富。智旭將惟白、王古及寂曉之解題缺點，加以改進。以大部帙經典而言，這樣之解題精神，使閱者容易了解經典之內容及摘要，不會太籠統，亦不會太雜亂，恰好而適中。故謂智旭《閱藏知津》一書，為佛典解題之集大成者。

五、對於重要之佛典，羅列其「品」

　　對於一般讀者較少聽聞之佛典，智旭逐品列出品名，並解題之。《閱藏知津》中逐品解題之佛典，共一百七十七部。其中包含部帙大者如《大寶積經》一百二十卷，《大般若波羅密多經》六百卷；及較重要或讀者較不熟悉之經典，如《施設論》三卷，《文殊師利問經》二卷。惟白《大藏經綱目指要錄》雖逐品、逐卷解題，但不作區分，重要與不重要，卷多與卷少，皆逐卷解說，太過繁長。寂曉《大明釋教彙目義門》逐品解說者，僅限於大部帙之經典，對於卷數不多，卻有重要性，且讀者較不常知聞之佛典，則沒作特別之介紹。

　　佛典解題目錄撰作者，對部帙多之佛典，詳細解題常見之撰法。然對於少見、重要，但卷數少之經典，智旭《閱藏知津》有三種處理方式，一為逐品羅列其品名，但不解題；二為羅列品名外，亦作摘要解題。三為兩者相互編排，部分「品」只列其名，部份「品」摘要解題。智旭這樣特殊安排，更貼近讀者之須求。大藏經所藏經典浩瀚，如何找尋所要之佛典，乃一高深之學問。高僧、居士、初習佛者、一般讀者等，只要對佛典有興趣，不論是耳熟能詳之佛典，還是不常知見之經典，皆能在《閱藏知津》裡得到初步之認識。

六、對重譯本有優劣之評價

　　佛教傳入中國時間越久，一種佛經譯本往往有多種。若以時間作編排依據，則可看出譯經之流傳過程。古未必好，今未必差，如何找到好譯本，則必須近心獨運，妥作安排。智旭對重譯本之安排，以其優劣為依據，擇優者頂格置於前，其餘則降一格置於後。智旭已幫助讀者選好最佳讀本，讀者可省去推尋檢索之時間。「解題目錄」除了載錄佛典基本資料，及介紹其內容外，「優劣評比」亦是重要之一環，故曰目錄更有導讀之功能也。

第六章　結　論

　　佛教自東漢末年傳入中國，至明末已歷一千多年。於當時，除了中國本有之儒學、道教，尚有西方之基督教、天主教等。佛學與儒學相互影響最深，宋明理學之儒者，朱熹、王陽明等人出入佛儒。佛教之高僧亦出入儒佛，智旭即是其中一例。

　　智旭母親金氏，夢大士而生之。七歲茹素，十二歲就外傳，聞聖學、辟佛學、開葷酒。十七歲因《竹窗隨筆》不謗佛，二十歲大悟孔顏心法，二十四歲出家。儒學與佛學相互影響，成為智旭特殊成長背景。

　　智旭用二十年心血完成《閱藏知津》，其撰作宗旨，即要提供讀者更方便的導讀方針。故對於卷帙較多之佛典，如《大般若經》，逐品解說；對卷帙較少，甚至僅幾紙之佛典，作提綱挈領敘說；對較罕見之佛典，不論卷帙多寡，皆逐品羅列其品名，並解題之。依各經典之特殊性，作不同程度之解題，使目錄功用達到極致。

　　智旭《閱藏知津》撰作體例，及佛典分類理念，影響後人極深。對於大乘經藏分類編排，智旭以華嚴為首，方等第二、般若第三、法華第四、涅槃為終。《頻伽藏》、《卍續藏》二部大藏經之經藏分類，即依智旭之法。另陳子彝、支偉成、劉國鈞等圖書館學學者，亦認同智旭之分類法。可見智旭之分類有系統，且具合理性。

　　智旭《閱藏知津》「雜藏」依宗派、文體、內容等分類名目，分類可謂甚細密。然「應收入藏此土撰述」下再依派別、文體、內涵等細分十類。層層分類安排，井然有序。對於論藏之編排，智旭將論藏分為宗經論、釋經論及諸論釋，為前人所無。「論藏」及「雜藏」分類法，《大日本校訂大藏經》皆從之。由上述《閱藏知津》撰作體例之價值與影響，智旭之學術地位已明。

　　檢核《閱藏知津》各佛典資料時，發現許多錯誤。有函號用字不同者，如《傳

法正宗論》,《閱藏知津》標註《永樂南藏》「回」字函號,查核《永樂南藏》,卻是「迴」字。有錯書函號者,如《無盡意菩薩藏》,《閱藏知津》標註《永樂南藏》「罪」字函號,查核《永樂南藏》,此經置於「周」字函號。有尋不找佛典者,如《相續解脫如來所作隨順處了義經》,《閱藏知津》標註《永樂南藏》「敢」字函號,查核《永樂南藏》「敢」字函號,卻無此佛典,再查其它函號,亦無所獲。有找不到函號者,如《華嚴懸談會玄記》,《閱藏知津》標註「鉅野洞庭」函號,檢核《永樂南藏》,卻無此函號。

針對《閱藏知津》標註之撰譯者及其時代作檢核,發現有譯者時代錯誤者,如《十二佛名神呪較量功德除障滅罪經》,《閱藏知津》載錄「唐北天竺沙門闍那崛多譯」,然闍那崛多乃隋人。又如《雜阿含經》,《閱藏知津》標註「宋天竺三藏求那跋陀羅譯」,然求那跋陀羅劉宋人也。有缺載撰譯者,如《佛說華手經》,《閱藏知津》未載錄撰譯者時代及姓名,然此佛典為「姚秦天竺沙門鳩摩羅什譯」。有缺錄撰譯者之時代者,如《沙彌尼離戒文》,《閱藏知津》僅載錄「失譯人名」,然此佛典應為《西晉錄》。

《閱藏知津》前有總目四卷,僅載錄經典題名、卷數及南、北藏函號。校之正文,發現總目與正文所載錄之資料有相異之處,有經典題名相異者,如《拔一切業障根本得生淨土陀羅尼》,此為總目之經典題名,正文題名卻為《拔一切業障根本得生淨土神呪》。有卷數相異者,如《佛說證契大乘經》,總目標註為「二卷」,正文卻標註為一卷。

智旭對於佛典譯本之編排,取一「巧譯本」頂格置於前,其餘同本異譯降一格置於後。檢核總目與正文,發現有相異者,如《觀世音菩薩得大勢菩薩受記經》,總目視其為《佛說觀無量壽佛經》之重譯本,正文卻視其為「巧譯本」。

《閱藏知津·敘》提到「始獲成稿」,當年智旭五十六歲(1654),敘末註明甲午重陽後一日,即農曆九月初十。事隔三個月,智旭圓寂。是時「雜藏」第十五類「應收入藏此土撰述」僅有經典題名,當未標註譯作者及解題。由此推知,智旭未能對《閱藏知津》作進一步檢審。檢核,故產生許多糾誤之處。

智旭《閱藏知津》經典題名上方,有特殊標註之符號:

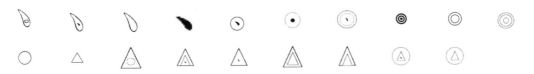

歸類、比較後仍無法得知這些特殊符號之功用。其中總目所標註之符號與正

文所標註之符號有異，此問題之一。部分佛典於總目有標註符號，查檢正文時，卻發現未標符號，此情形比例甚高，此爲問題之二。然智旭於〈敘〉及〈凡例〉中皆未說明，筆者歷經找尋資料，及多方面請教學人，皆無所獲，擬於日後再作進一步研究。

上述「巧譯本」之編排，爲智旭獨創之法，又其對經典優劣之評比，皆智旭學術涵養之表現。對於總目與正文「巧譯本」編排相異之問題，仍待日後再作處理。

另外在中、印佛教差異方面，對佛典的解讀是否也有不同？而中國佛教各宗對佛典的認識是否也各有堅持？智旭《閱藏知津》中，對佛典歸類的看法，是否得到各宗的認可？這些問題都有再作進一步探究的空間，是學生未來努力的方向。

附錄一爲筆者研究《閱藏知津》之綜合結果，其中除將《閱藏知津》所收錄之一千七百二十五部佛典，依序載錄題名及南、北藏函號。另將《永樂南藏》與《永樂北藏》之函號一併載錄，以方便作檢核。亦將其特殊符號予以載記，以便日後作研究。於備註欄中，有標註佛典糾誤代號，閱者可一目了然，知其錯誤之所在。

至此，對釋智旭及其《閱藏知津》之研究，可算先告一段落。感謝恩師何廣棪教授不厭其煩詳予與指導，更祈盼拙作之撰成，能有益於佛教目錄學之研究者。

參考書目

（依筆劃多少爲序）

一、大藏經

1. 《卍正藏經》藏經書院（台北：新文豐出版公司，民國 69 年 6 月初版）。
2. 《卍續藏經》（台北：新文豐出版公司，民國 72 年元月再版）。
3. 《大正新修大藏經》（台北：日本東京大藏經刊行會，世樺印刷公司，1990 年 4 月印行）。
4. 《佛教大藏經》（台北：釋廣定編，佛教出版社，民國 68 年 12 月初版）。
5. 《乾隆大藏經》（彰化：傳正有限公司乾隆大藏經刊印處，民國 86 年 12 月初版）。
6. 《磧砂大藏經》（台北：新文豐出版公司，民國 76 年 4 月台一版）。
7. 《頻伽大藏經》（北京：九洲圖書出版公司，1998 年 11 月一版一刷）。

二、佛經目錄

1. 《大日本校訂縮刻大藏經目錄》《法寶總目錄》第二冊（台北：新文豐出版公司，91 年修訂版一版四刷頁 439～473）。
2. 《大明三藏聖教南藏目錄》《法寶總目錄》第二冊（台北：新文豐出版公司，91 年修訂版一版四刷，頁 331～359）。
3. 《大明三藏聖教北藏目錄》《法寶總目錄》第二冊（台北：新文豐出版公司，91 年修訂版一版四刷，頁 271～299）。
4. 《大明釋教彙目義門》明·寂曉，《四庫未收書輯刊》，參輯·二十冊，明萬曆四十七年刻本，四庫未收書輯刊編纂委員會編（北京：北京出版社，1998 年），頁 183～718。
5. 《大唐內典錄》唐·道宣，《大正新脩大藏經》第 55 冊，日本東京大藏經刊行會（台北：世樺印刷公司，1990 年 4 月印行）。
6. 《大藏經綱目指要錄》北宋·惟白，《法寶總目錄》第二冊（台北：新文豐出版公司，91 年修訂版一版四刷）。
7. 《大藏聖教法寶標目》宋·王古，《法寶總目錄》第二冊（新文豐出版公司，民

－123－

國 91 年修訂版一版四刷），頁 773～844。

8. 《出三藏記集》梁·僧祐，《大正新脩大藏經》第 55 冊，日本東京大藏經刊行會（台北：世樺印刷公司，1990 年 4 月印行）。

9. 《杭州路餘杭縣白雲宗南山大普寧寺大藏經目錄》元·如瑩撰《法寶總目錄》第二冊（台北：新文豐出版公司，民國 91 年修訂版，一版四刷）。

10. 《開元釋教錄》唐·智昇，《大正新脩大藏經》第 55 冊，日本東京大藏經刊行會（台北：世樺印刷公司，1990 年 4 月印行）。

11. 《眾經目錄》隋·法經，《大正新脩大藏經》第 55 冊，日本東京大藏經刊行會（台北：世樺印刷公司，1990 年 4 月印行）。

12. 《閱藏知津》釋智旭（台北：新文豐出版公司，民國 62 年 6 月初版）。

13. 《歷代三寶紀》隋·費長房，《大正新脩大藏經》第 49 冊，日本東京大藏經刊行會（台北：世樺印刷公司，1990 年 4 月印行）。

三. 佛學專著

1. 《中國佛教史籍概論》陳援庵（台北：新文豐出版公司，民國 88 年 10 月初版一刷）。

2. 《宋高僧傳》宋·贊寧，《大正新脩大藏經》第 50 冊，日本東京大藏經刊行會（台北：世樺印刷公司，1990 年 4 月印行）。

3. 《佛典精解》陳士強（台北：建宏出版社，1995 年 7 月初版一刷，1438 頁）。

4. 《佛祖統紀》宋·志磐，《大正新脩大藏經》第 49 冊，日本東京大藏經刊行會（台北：世樺印刷公司，1990 年 4 月印行）。

5. 《明末中國佛教之研究》，釋聖嚴著，關世謙譯（台北：臺灣學生書局，民國 77 年 11 月初版）。

6. 《神僧傳》明·永樂御製，《大正新脩大藏經》第 50 冊，日本東京大藏經刊行會（台北：世樺印刷公司，1990 年 4 月印行）。

7. 《高僧傳》梁·釋慧皎，《大正新脩大藏經》第 50 冊，日本東京大藏經刊行會（台北：世樺印刷公司，1990 年 4 月印行）。

8. 《高僧行誼》，陳秀慧（彰化：了凡弘法學會編訂，2003 年 6 月，增訂版）。

9. 《淨土聖賢錄》彭際清（台北：新文豐出版公司，民國 80 年 9 月一版三刷）。

10. 《隋天台智者大師別傳》隋·灌頂撰，《大正新脩大藏經》第 50 冊，日本東京大藏經刊行會（台北：世樺印刷公司，1990 年 4 月印行）。

11. 《廣弘明集》唐·道宣，《大正新脩大藏經》，第 52 冊，日本東京大藏經刊行會（台北：世樺印刷公司，1990 年 4 月印行）。

12. 《蕅益大師年譜》，釋弘一撰（高雄，高雄淨宗學會，民國 84 年）。

13. 《歷朝藏經略考》呂澂（台北：大千出版社，民國 92 年 3 月初版）。

14. 《續高僧傳》唐·道宣，《大正新修大藏經》第 50 冊，日本東京：大藏經刊行

會（台北：世樺印刷公司，1990 年 4 月印行）。

15. 《靈峰宗論》漪益大師著，成時法師編（台中：青蓮出版社，民國 86 年 4 月 8 日）。

四、目錄學專著

1. 《中國目錄學講義》昌彼得（台北：文史哲出版社印行，民國 62 年 10 月初版）。

2. 《中國目錄學》昌彼得．潘美月（台北：文史哲出版社，民國 75 年 9 月初版，民國 80 年 10 月初版二刷，頁 1）。

3. 《中國目錄學史》姚名達（台北：臺灣商務印書館，民國 77 年 2 月，臺九版）。

4. 《中國目錄學史論叢》王重民（北京：中華書局，1984 年）。

5. 《中國圖書分類法》劉國鈞（台北：中國圖書館學會油印本，民國 45 年）。

6. 《目錄學概論》，武漢大學．北京大學《目錄學概論》編寫組編著（北京：中華書局，1982 年北京，頁 5）。

7. 《目錄學論文選》，李萬健．賴茂生編，書目文獻出版社（北京：1985 年 8 月初版）。

8. 《目錄學綱要》曹慕樊（重慶：西南師範大學出版社，1988 年 9 月）。

9. 《直齋書錄解題》南宋．陳振孫（臺灣：商務印書館，民國 57 年 3 月台一版）。

10. 《國學用書類述》支偉成（上海：泰東圖書局，文海，民國 57 年）。

五．其它著述

1. 《十七史商榷》清．王鳴盛（台北：廣文書局，民國 49 年 3 月初版，民國 60 年 5 月再版）。

2. 《大廣益會玉篇》梁．顧野王（台北：新興書局，元刻本，民國 57 年 5 月，新一版）。

3. 《竹窗隨筆贅言》蔡運辰（台北：新文豐出版公司，民國 86 年 4 月台一版）。

4. 《孟子》孟軻，《黃侃手批白文十三經》黃侃編（新竹：理藝出版社，民 87 年 12 月初版）。

5. 《明史》楊家駱編（台北：鼎文書局，民國 69 年）。

6. 《重校宋本廣韻》王瓊珊編（台北：廣文書局，澤存唐藏版，民國 80 年 10 月三版）。

7. 《新譯增廣賢文——千字文》馬自毅（台北：三民書局，2004 年 7 月，初版，二刷）。

8. 《說文解字注》漢．許慎撰，段玉裁注（台北：黎明文化事業，經韵樓藏版，民國 80 年 4 月，增訂 7 版）。

七、學位論文

1. 《中國佛教經錄譯典之分類研究》陳莉玲，民國 83 年，淡江大學中國文學研究所碩士論文。

2. 《四書蕅益解研究》，羅永吉，民國 84 年，成功大學，中國文學研究所碩士論文。

3. 《四書蕅益解》研究，簡瑞銓，民國 85 年，東吳大學，中國文學研究所碩士論文。

4. 《明末佛教發展之研究──以晚明四大師為中心》王秀花，民國 86 年，中正大學歷史研究所，博士論文。

5. 《明末蕅益大師之生平及其佛學思想研究》張瑞佳，民國 88 年，華梵大學東方人文思想研究所，碩士論文。

6. 《歷代佛經目錄初探》河惠丁，民國 77 年，臺灣大學圖書資訊研究所碩士論文。

7. 《蕅益智旭之淨土思想》，鄧繼盈，民國 77 年，政治大學中國文學研究所碩士論文。

8. 《蕅益智旭「易佛會通」》研究，陳進益，民國 93，東吳大學中國文學研究所博士論文。

9. 《釋智旭援佛解易思想研究》，黃馨儀，民國 92，中興大學中國文學研究所碩士論文。

八、期刊論文

1. 〈中國歷代佛教目錄類型瑣議〉，徐建華，佛教圖書館館訊，第 29 期，民國 91 年 3 月，頁 22～31。

2. 〈目錄學苑一奇葩──佛經目錄學探勝〉，文平志，佛學講堂，《佛學文化》，頁 62～64。

3. 〈以蕅益智旭為例探究晚明佛教之「復興」內涵〉，釋見曄，1999 年 3 月出版，中華佛學研究期刊，第三期，頁 207～250。

4. 〈我國古代佛經目錄的目錄學思想及成就〉，林霞，福建師範大學圖書館，圖書館論壇，雙月刊，1999 年，第 6 期。

5. 〈佛家經錄在中國目錄學之位置〉，梁啓超，《佛教目錄學述要》，現代佛學學術叢刊（40），台北市，大乘文化，民國 65 年。

6. 〈佛教圖書分類法 1996 年版與各分類法之佛教類目比較分析〉，阮靜玲，佛教圖書館館訊，第 28 期，民國 90 年 12 月。

7. 〈佛經目錄解題筆記〉，妙淨，佛教圖書館館訊，第 29 期，民國 91 年 3 月。

8. 〈佛道兩教目錄之比較〉，王欣欣，山西大學圖書館，普圖學刊，2001 年，第 1 期。

9. 〈佛教典籍分類之研究〉，陳鴻飛，《佛教目錄學述要》張曼濤編，《現代佛學學術叢刊》，大乘文化出版社，民國 67 年 4 月初版。

10. 〈明代四大高與三教合一〉，洪修平，《佛學研究》，1998，頁 52～57。

10. 〈明代四大高與三教合一〉，洪修平，《佛學研究》，1998，頁 52～57。

11. 〈略論藕益大師念佛即禪觀思想——紀念藕益大師誕辰四○○週年〉，學誠法師，福建佛學院

12. 〈論晚明佛學的性相會通與禪教合流——以晚明佛教四大師爲例陳永革〉，《普門學報》，第十五期。

13. 〈蕅益智旭會通儒佛的觀念構作〉，杜保瑞，《哲學與文化月刊》第 349 期，2003 年 6 月 10 日一版一刷。

14. 〈蕅益智旭的戒律觀〉，釋自澹，民國 88 年 3 月 20 日，《香山莊嚴期刊》，第五十七期。

15. 〈蕅益智旭思想的特質及其定位問題〉，陳英善，1996 年 3 月，《中國文哲研究集刊》，第八期。

附錄一：《閱藏知津》函號、符號綜合表

說明：

一、此表「經典題名」以智旭《閱藏知津》為依據。

二、備註欄符號代表意義如下：

A：《閱藏知津》所標南藏函號與《永樂南藏》函號，因千字文用字不同而相異者。

B：《閱藏知津》所標北藏函號與《永樂北藏》函號，因千字文用字不同、錯別字而相異者。

C：《閱藏知津》北藏錯書函號者。

D：《閱藏知津》南藏錯書函號者。

E：《永樂南藏》與《永樂北藏》皆無此經錄者。

F：《永樂南藏》無此經錄者。

G：《永樂北藏》無此經錄者。

H：《閱藏知津》標示南藏（缺）者。

I：《閱藏知津》標示北藏（缺）者。

J：《閱藏知津》標示南、北藏俱（缺）者。

K：《永樂南藏》缺此函號者。

L：《閱藏知津》未標示函號者。

大乘經藏—華嚴部						
編號	閱藏知津經典提名	閱藏知津 南北藏函號	永樂南藏 目錄函號	永樂北藏 目錄函號	閱藏知津 目錄符號	閱藏知津 正文符號	備註
1	大方廣佛華嚴經	拱平章至黎首臣	拱平至首臣	拱平至首臣	◎		
2	大方廣佛華嚴經入不思議解脫境界普賢行願品	南伏戎羌，北伏至遐	南伏戎羌	伏戎羌遐	◎		
3	大方廣佛華嚴經	湯坐朝問道垂	湯坐至道垂	湯坐至道垂			
4	佛說兜沙經	南邇，北壹	邇	壹			
5	佛說菩薩本業經	南邇，北壹	邇	壹			
6	諸菩薩求佛本業經	南邇，北率	邇	率			
7	菩薩十住行道品經	南邇，北率	邇	率			
8	佛說菩薩十住經	南邇，北率	邇	率			
9	漸備一切智德經	南邇，北率	邇	率			
10	十住經	南壹，北體	壹	體			
11	等目菩薩所問三昧經	南體，北率	體	率			
12	顯無邊佛土功德經	壹	壹	壹			
13	佛說較量一切佛利功德經	南夙，北臨	夙	臨			
14	佛說如來與顯經	南體，北邇	體	邇			
15	度世品經	壹	壹	壹			
16	佛說羅摩伽經	體	體	體			
17	大方廣佛華嚴經續入法界品	南邇，北壹	邇	壹			
18	普賢菩薩行願讚	南無，北唱	無	唱			
19	文殊師利發願經	南籍，北既	藉	既			A1
20	大方廣如來不思議境界經	南邇，北壹	邇	壹	◎		
21	大方廣佛華嚴經不思議佛境界分	南邇，北壹	邇	壹			
22	大方廣佛華嚴經修慈分	南邇，北壹	邇	壹	◎		
23	大方廣入如來智德不思議經	南邇，北壹	邇	壹	○		
24	度諸佛境界智光嚴經	南遐，北殷	遐	殷			
25	佛華嚴入如來德智不思議境界經	南遐，北邇	遐	邇			
26	大方廣普賢所說經	南邇，北壹	邇	壹	○		
27	信力入印法門經	南遐，北邇	遐	邇			
28	大方廣總持寶光明經	南竭，北力	竭	力	○		
29	大方廣圓覺脩多羅了義經	難	難	難	◉		

編號	閱藏知津經典題名	閱藏知津南北藏函號	永樂南藏目錄函號	永樂北藏目錄函號	閱藏知津目錄符號	閱藏知津正文符號	備註
	大乘經藏—方等顯說部						
30	大寶積經	龍師至文字	龍師至文字	龍師至文字	○		
31	大方廣三戒經	乃	乃	乃	（符號）	△	
32	佛說如來不思議祕密大乘經	暎	暎	暎	◐	●	
33	佛說無量清淨平等覺經	乃	乃	乃			
34	佛說無量壽經	乃	乃	乃	◬	◬	
35	佛說阿彌陀經	乃	乃	乃			
36	佛說大乘無量壽莊嚴經	南深，北命	深	命			
37	佛說大阿彌陀經	貞	貞	貞	○	○	
38	佛說阿閦佛國經	服	服	服			
39	佛說大乘十法經	服	服	服	◓	◓	
40	佛說普門品經	服	服	服			
41	佛說大乘菩薩藏正法經	南辭安，北如松	辭安	如松	◬	◬	
42	佛說胞胎經	服	服	服			
43	文殊師利佛土嚴淨經	服	服	服			
44	佛說護國尊者所問大乘經	南夙，北臨	夙	臨	●	●	
45	郁迦羅越問菩薩行經	衣	衣	衣			
46	佛說法鏡經	服	服	服			
47	幻士仁賢經	衣	衣	衣			
48	佛說決定毗尼經	衣	衣	衣	●	◓	
49	佛說三十五佛名禮懺文	淵	淵	斯	○	○	C1
50	發覺淨心經	衣	衣	衣	△	△	
51	佛說須賴經	南忘，北衣	忘	衣	◬	◬	
52	佛說須賴經	南忘，北衣					F1,G1
53	菩薩修行經	南忘，北短	忘	短	○	○	
54	佛說無畏授所問大乘經	南馨，北夙	馨	夙	●	◓	
55	佛說優填王經	衣	衣	衣			
56	佛說大乘日子王所問經	力	力	力	（實心符號）		
57	佛說須摩提經	衣	衣	衣	○	○	
58	佛說須摩提菩薩經	衣	衣	衣	●	◓	
59	佛說阿闍世王女阿述達菩薩經	衣	衣	衣			

60	佛說離垢施女經	衣	衣	衣	⚠	⚠	
61	得無垢女經	裳	裳	裳	◬	◬	
62	文殊師利所說不思議佛境界經	裳	裳	裳	◎	◎	
63	善住意天子所問經	裳	裳	裳	◔	◉	
64	佛說如幻三昧經	裳	裳	裳	△	△	
65	太子刷護經	裳	裳	裳	△	△	
66	太子和休經	裳	裳	裳	○		
67	慧上菩薩問大善權經	推	推	推	△	△	
68	佛說大方廣善巧方便經	南清，北深	清	深	◔	◔	
69	大乘顯識經	推	推	推	○	○	
70	佛說大乘方等要慧經	推	推	推			
71	彌勒菩薩所問本願經	推	推	推			
72	佛遺日摩尼寶經	推	推	推		◔	
73	佛說摩訶衍寶嚴經	推	推	推	◬	◬	
74	佛說大迦葉問大寶積正法經	忠	忠	忠	◉	◉	
75	勝鬘師子吼一乘大方便方廣經	推	推	推	◬	◬	
76	毗耶娑問經	推	推	推	△	△	
77	入法界體性經	南男，北傷	男	裳	○		C2
78	寶積三昧文殊師利菩薩問法身經	南男，北才	男	才			
79	佛說阿彌陀經	貞	貞	貞	◉		
80	稱讚淨土佛攝受經	貞	貞	貞	○	○	
81	後出阿彌陀偈經	貞	貞	貞	○		
82	阿彌陀鼓音聲王陀羅尼經	行	行	行	◎		
83	佛說觀無量壽佛經	貞	貞	貞	◎		
84	觀世音菩薩得大勢菩薩受記經	南罔，北短	罔	短	◎		
85	佛說如幻三摩地無量印法門經	南淵，北似	淵	似	◎		
86	大方等大集經	位讓國	位讓國	位讓國	○		
87	大哀經	周	周	周			
88	寶女所問經	發	發	發			
89	海意菩薩所問淨印法門經	南澄，北似	澂	似	○	○	A2

90	無言童子經	發	發	發			
91	寶星陀羅尼經	殷	殷	殷			
92	大乘大方等日藏經	有	有	有	◬	◬	
93	大方等大集月藏經	虞	虞	虞	○		
94	大乘大集地藏十輪經	陶	陶	陶	◎		
95	佛說大方廣十輪經	唐	唐	唐			
96	大集須彌藏經	唐	唐	唐	○		
97	虛空藏菩薩經	弔	弔	弔	○		
98	虛空孕菩薩經	弔	弔	弔	△	△	
99	虛空藏菩薩神呪經	弔	弔	弔	⟋	△	
100	觀虛空藏菩薩經	弔	弔	弔	◎		
101	無盡意菩薩經	罪	周	罪	◎		D1
102	阿差末菩薩經	罪	罪	伐			C3
103	佛說大方等大集菩薩念佛三昧經	民	民	民	⊙	⦸	
104	佛說菩薩念佛三昧經	弔	弔	弔	△		
105	大方等大集賢護經	南伐，北罪	伐	罪	◉		
106	般舟三昧經	伐	伐	伐		◬	
107	拔陂菩薩經	南伐，北罪	伐	罪			
108	自在王菩薩經	發	發	發	◎		
109	奮迅王問經	發	發	發	◬	◬	
110	大集譬喻王經	周	周	周	△		
111	佛說大集會正法經	南淵，北清	淵	清	⟍		B1
112	僧伽吒經	南可，北羊	可	羊			
113	月燈三昧經	女	女	女	○		
114	月燈三昧經	慕	慕	慕			
115	占察善惡業報經	南詩，北景	詩	景	◉		
116	佛說佛名經	己長	己長	己長	○		
117	佛說五千五百佛名神呪除障滅罪經	南信，北長	信	長	○		
118	三劫三千諸佛名經	長			○		F2,G2
119	千佛因緣經	維	維	維	○		
120	賢劫經	恃	恃	恃	△		
121	稱揚諸佛功德經	南岡，北靡	岡	靡	◎		
122	百佛名經	南忘，北信	忘	信	◎		

123	佛說大乘大方廣佛冠經	南松，北清	松	清	◎		B 2
124	佛說十吉祥經	南賢，北信	賢	信	◎		
125	佛說八佛名號經	南才，北知	才	知	◎		
126	佛說八吉祥神呪經	南效，北知	效	知			
127	佛說八陽神呪經	南才，北知	才	知			
128	佛說八吉祥經	南才，北知	才	知			
129	佛說八部佛名經	南賢，北信	賢	信	◎		
130	佛說滅十方冥經	維	維	維	◎		
131	受持七佛名號所生功德經	維	維	維	◎		
132	大乘寶月童子問法經	南盡，北則	盡	則	◎		
133	佛說寶網經	南忘，北彼	忘	彼	△		
134	佛說不思議功德諸佛所護念經	南長，北信	長	信	○		
135	藥師琉璃光七佛本願功德經	惟	惟	惟	◎		
136	佛說藥師如來本願經	惟	惟	惟	○	○	
137	藥師琉璃光如來本願功德經	惟	惟	惟	◉	◉	
138	觀佛三昧海經	量	量	量	◎		
139	佛說彌勒成佛經	貞	貞	貞	◎		
140	佛說觀彌勒菩薩下生經	貞	貞	貞			
141	佛說彌勒來時經	貞	貞	貞			
142	佛說彌勒下生經	貞	貞	貞			
143	佛說彌勒下生成佛經	貞	貞	貞			
144	佛說觀彌勒菩薩上生兜率陀天經	貞	貞	貞	◎		
145	佛說一切智光明仙人慈心因緣不食肉經	南賢，北信	賢	信	◎		
146	佛說師子月佛本生經	南賢，北信	賢	信	○		
147	文殊師利般涅槃經	維	維	維	○		
148	佛說觀藥王藥上二菩薩經	南得，北知	得	知	◎		
149	地藏菩薩本願經	南思，北斯	思	斯	◎		
150	佛說師子莊嚴王菩薩請問經	南賢，北景	賢	景	◎		
151	佛說八大菩薩經	南思，北斯	思	斯	◎		
152	六菩薩名亦當誦持經	南籍，北既	籍	既	◉		A 3

153	離垢慧菩薩所問禮佛法經	維	維	維	◎		
154	佛說老女人經	南男，北潔	男	潔	◎		
155	佛說老母經	南男，北潔	男	潔	◎		
156	佛說老母女六英經	南男，北潔	男	潔			
157	楞伽阿跋多羅寶經	惟	惟	惟	◎		
158	入楞伽經	鞠	鞠	鞠	△	△	
159	大乘入楞伽經	養	養	養	○	○	
160	佛說首楞嚴三昧經	靡	靡	靡	◎		
161	維摩詰所說經	方	方	方	◎		
162	維摩詰經	方	方	方			
163	說無垢稱經	南方，北蓋	方	蓋	△	△	
164	善思童子經	南賴，北敢	賴	敢	○		
165	大方等頂王經	萬	萬	萬			
166	大乘頂王經	萬	萬	萬	△	△	
167	月上女經	染	染	染	◎		
168	大乘密嚴經	南染，北清	染	清	○		B3
169	大乘密嚴經	南不，北清	不	染	△	△	C4
170	解深密經	南常，北效	常	效	○		
171	深密解脫經	南常，北效	常	效			
172	佛說解節經	南敢，北髮	敢	髮			
173	相續解脫地波羅密了義經	南敢，北髮	敢	髮			
174	相續解脫如來所作隨順處了義經	南敢，北髮		髮			F3
175	佛說佛地經	行	行	行	○		
176	金光明最勝王經	場	場	場	◎		
177	金光明經	南食，北化	食	化	○	○	
178	合部金光明經	南食，北被	食	被	╲		
179	莊嚴菩提心經	南邇，北壹	邇	壹			
180	大方廣菩薩十地經	南邇，北壹	邇	壹			
181	毗沙門天王經	南不，北清	不	清	○	○	B4
182	菩薩投身飼虎起塔因緣經	南賢，北悲	賢	悲	◎	◎	
183	無所有菩薩經	絲	絲	絲	◎		
184	諸佛要集經	南彼，北靡	彼	靡	⊿		

185	不思議光菩薩所說經	南罔，北短	罔	短	○		
186	央掘魔羅經	悲	悲	悲	○		
187	思益梵天所問經	南五，北傷	五	傷	○		
188	持心梵天所問經	南五，北慕	五	慕			
189	勝思惟梵天所問經	南大，北傷	大	傷	△	△	
190	佛說大乘同性經	南大，北慕	大	慕	○		
191	佛說證契大乘經	南常，北慕	常	慕	△	△	
192	諸法無行經	南傷，北常	傷	常	○		
193	諸法本無經	南傷，北五	傷	五			
194	佛說大乘隨轉宣諸法經	南言，北之	言	之			
195	大乘理趣六波羅密多經	南若，北馨	若	馨	◎		
196	大乘本生心地觀經	南之，北興	之	與	○		B5
197	大乘徧照光明藏無字法門經	南男，北潔	男	潔	◎		
198	無字寶篋經	潔	絜	潔			A4
199	大乘離文字普光明藏經	潔	絜	潔	○	○	A5
200	佛說大乘入諸佛境界智光明莊嚴經	南言，北之	言	之	○		
201	如來莊嚴智慧光明入一切佛境界經	南慕，北男	慕	男	△	△	
202	度一切諸佛境界智嚴經	南慕，北推	慕	推			
203	大方等如來藏經	南忘，北彼	忘	彼	○		
204	十住斷結經	談彼	談彼	談彼	△		
205	菩薩瓔珞經	南短靡，北詩讚	短靡	詩讚	△		
206	佛說華手經	南欲難，北欲	欲難	欲	○		
207	佛說寶雨經	南身，北此	身	此	○		
208	佛說寶雲經	南此，北身	此	身	△	△	
209	佛說除蓋障菩薩所問經	南盛，北溫	盛	溫	△	△	
210	法集經	難	難	難	○		
211	觀察諸法行經	器	器	器			
212	佛說未曾有正法經	南清，北深	清	深	◎		
213	佛說阿闍世王經	惟	惟	惟			
214	普超三昧經	毀	毀	毀			
215	佛說放鉢經	毀	毀	毀			
216	大樹緊那羅王所問經	南恭，北五	恭	五	○		

217	伮眞陀羅所問寶如來三昧經	南場，北五	場	五			
218	三昧弘道廣顯定意經	絲	絲	絲	△		
219	佛說海龍王經	南彼，北景	彼	景	△		
220	佛說轉女身經	男	男	男	○		
221	佛說無垢賢女經	潔	絜	潔			A6
222	佛說腹中女聽經	潔	絜	潔			A7
223	大方廣如來祕藏經	染	染	染	○		
224	持世經	南四，北常	四	常	○		
225	持人菩薩所問經	南四，北常	四	常			
226	大方廣寶篋經	南敢，北恭	敢	恭	○		
227	佛說文殊師利現寶藏經	南敢，北恭	敢	恭			
228	佛說樂瓔珞莊嚴方便經	潔	絜	潔	○		A8
229	順權方便經	潔	絜	潔			A9
230	大莊嚴法門經	南慕，北毀	慕	毀	○		
231	佛說大淨法門品經	南慕，北毀	慕	毀			
232	佛說大威燈光仙人問疑經	貞	貞	貞	○		
233	佛說第一義法勝經	貞	貞	貞			
234	有德女所問大乘經	南賢，北莫	賢	莫	○		
235	梵女首意經	莫	莫	莫			
236	佛說大乘流轉諸有經	維	維	維	○		
237	大方等脩多羅王經	南才，北良	才	良	✐	✐	
238	佛說轉有經	南效，北良	效	良			
239	佛說長者女菴提遮師子吼了義經	南賢，北信	賢	信	◎		
240	外道問聖大乘法無我義經	南盡，北則	盡	則	○		
241	佛說大乘智印經	南言，北之	言	之	○		
242	佛說慧印三昧經	南傷，北才	傷	才			
243	佛說如來智印經	南傷，北才	傷	才	△	△	
244	佛說不增不減經	維	維	維	◎		
245	佛說入無分別法門經	南斯，北夙	斯	夙	△		
246	力莊嚴三昧經	南長，北信	長	信	○		
247	佛說無極寶三昧經	南傷，北才	傷	才	△		
248	寶如來三昧經	南慕，北方	慕	才			C5

249	佛說金剛三昧本性清淨不壞不滅經	南賢，北信	賢	信	◎		
250	寂照神變三摩地經	維	維	維	○		
251	大方廣師子吼經	南男，北良	男	良	○		
252	佛說如來師子吼經	南男，北良	男	良			
253	出生菩提心經	南行，北羊	行	羊	◎		
254	佛說發菩提心破諸魔經	南清，北薄	清	薄	○	○	
255	文殊師利問菩提經	男	男	男	○		
256	伽耶山頂經	男	男	男			
257	佛說象頭精舍經	男	男	男			
258	大乘伽耶山頂經	男	男	男	○	○	
259	佛說文殊尸利行經	南效，北良	效	良	○		
260	佛說文殊師利巡行經	南效，北良	效	良	△	△	
261	佛說大乘善見變化文殊師利問法經	南力，北忠	力	忠	◎△		
262	佛說大乘不思議神通境界經	南清，北薄	清	薄	◎		
263	商主天子所問經	維	維	維	◎		
264	佛說魔逆經	維	維	維	◎△		
265	超日明三昧經	南罔，北短	罔	短	◎△		
266	須眞天子經	南罔，北短	罔	短	◎△		
267	成具光明定意經	南忘，北彼	忘	彼	◎△		
268	悲華經	及	及	及	○		
269	大乘大悲芬陀利經	南賴，北敢	賴	敢	∫	∫	
270	方廣大莊嚴經	南化，北四大	化	四大	○		
271	普曜經	南被，北大	被	大			
272	大方便佛報恩經	墨	墨	墨	◎△		
273	菩薩本行經	墨	墨	墨	○		
274	佛說金色王經	南罔，北短	忘	短	○	○	
275	六度集經	萬	萬	萬	△		
276	太子須大拏經	南潔，北才	絜	才			A10
277	菩薩睒子經	潔	絜	潔			A11
278	佛說睒子經	潔	絜	潔			A12
279	太子慕魄經	潔	絜	潔			A13
280	佛說太子沐魄經	潔	絜	潔			A14
281	佛說九色鹿經	潔	絜	潔			A15

282	佛說長壽王經	南賢，北羊	賢	羊	◎		
283	佛說鹿母經	維	維	維	○		
284	佛說大意經	維	維	維	○		
285	佛說前世三轉經	南效，北良	效	良	○		
286	佛說銀色女經	南效，北良	效	良			
287	過去佛分衛經	南賢，北景	賢	景	△		
288	佛說妙色王因緣經	南賢，北景	賢	景	◉		
289	佛說月明菩薩經	維	維	維	⚠		
290	佛說頂生王因緣經	南言，北之	言	之	○		
291	佛說賴吒和羅所問德光太子經	維	維	維	◬		
292	如來獨證自誓三昧經	南才，北良	才	良	△		
293	佛說自誓三昧經	南效，北良	效	良	◝	◝	
294	佛昇忉利天爲母說法經	身	身	身	△		
295	道神足無極變化經	南蓋，北方	蓋	方			
296	佛說盂蘭盆經	南才，北知	才	知	◎		
297	佛說報恩奉盆經	南才，北知	才	知			
298	佛說巨力長者所問大乘經	南取，北斯	取	斯	◎		
299	佛說德護長者經	南男，北潔	男	潔	◎		
300	佛說月光童子經	潔	絜	潔	△	△	A16
301	佛說申日兒本經	潔	絜	潔	◝	◝	A17
302	佛說勝軍王所問經	南淵，北斯	淵	斯	○		
303	佛說諫王經	才	才	才			
304	如來示教勝軍王經	才	才	才	○	○	
305	佛爲勝光天子說王法經	才	才	才	○	○	
306	佛爲優塡王說王法正論經	南思，北之	思	之	○		
307	佛說薩羅國經	南賢，北信	賢	信	○		
308	佛說阿闍世王受決經	南效，北良	效	良	◬		
309	採華違王上佛受決經	南效，北良	效	良			
310	佛說差摩婆帝受記經	南賢，北景	賢	景	○		
311	佛說賢首經	維	維	維	⚠		
312	佛說堅固女經	維	維	維	○		
313	佛說心明經	維	維	維	○		
314	佛說金耀童子經	力	力	力	⚠		

315	佛說逝童子經	潔	絜	潔	○		A18
316	佛說長者子制經	潔	絜	潔	△	△	A19
317	佛說菩薩逝經	南男，北潔	男	潔			
318	佛說龍施女經	南效，北知	效	知	⬙		
319	佛說龍施菩薩本起經	南效，北知	效	知	△	△	
320	佛說長者法志妻經	南賢，北信	賢	信	○		
321	佛說乳光佛經	潔	絜	潔	○		A20
322	佛說犢子經	潔	絜	潔			A21
323	佛說樹提伽經	南賢，北羊	賢	羊	○		
324	寶授菩薩菩提行經	南興，北深	興	深	◉		
325	演道俗業經	南忘，北信	忘	信	△		
326	優婆夷淨行法門經	南賢，北行	賢	行	○		
327	菩薩道樹經	南忘，北彼	忘	彼	○		
328	菩薩生地經	南忘，北彼	忘	彼	○		
329	佛說緣起聖道經	南效，北良	效	良	○		
330	佛說貝多樹下思惟十二因緣經	南效，北良	效	良			
331	佛說舊城喻經	南興，北臨	興	臨	○	○	
332	分別緣起初勝法門經	南敢，北賴	敢	賴	○		
333	佛說緣生初勝分法本經	南敢，北賴	敢	賴			
334	大乘舍娑擔摩經	南履，北臨	履	臨	◎		
335	佛說了本生死經	南效，北良	效	良			
336	佛說稻稈經	南效，北良	效	良	○	○	
337	慈氏菩薩所說大乘緣生稻稈喻經	南流，北興	流	與	○	○	B6
338	佛說法身經	南興，北深	興	深	○		
339	佛說十號經	南命，北盡	命	盡	○		
340	稱讚大乘功德經	南效，北良	效	良	○		
341	妙法決定業障經	南效，北良	效	良	△	△	
342	佛說大乘四法經	南效，北良	效	良	○		
343	佛說菩薩修行四法經	南效，北良	效	良			
344	大乘四法經	維	維	維	◎		
345	佛說大乘百福相經	南男，北良	男	良	○		
346	佛說大乘百福莊嚴相經	南效，北良	效	良			
347	佛說妙吉祥菩薩所問大乘法螺經	南思，北斯	思	斯	○	○	

348	大乘造像功德經	南羔，北知	羔	知	◎		
349	佛說造立形像福報經	南才，北知	才	知	△		
350	佛說作佛形像經	南效，北知	效	知			
351	佛說造塔功德經	維	維	維	○		
352	佛說右遶佛塔功德經	南賢，北景	賢	景	○		
353	佛說樓閣正法甘露鼓經	南力，北忠	力	忠	◎		
354	無上依經	南效，北良	效	良	◎		
355	佛說未曾有經	南男，北良	男	良			
356	佛說甚希有經	南男，北良	男	良			
357	佛說諸法勇王經	潔	絜	潔	○		A22
358	一切法高王經	貞	貞	貞			
359	諸法最上王經	南維，北行	維	行			
360	佛說施燈功德經	難	難	難	○		
361	浴像功德經	南才，北知	才	知	◎		
362	佛說灌佛經	南才，北知	才	知			
363	佛說灌洗佛經	南才，北知	才	知	❜	❜	
364	佛說浴像功德經	南才，北知	才	知	○	○	
365	佛說菩薩行五十緣身經	南忘，北短	忘	短	△		
366	佛說內藏百寶經	南莫，北短	莫	短	⟁		
367	佛說最無比經	南效，北良	效	良	⟁		
368	佛說希有較量功德經	南效，北良	效	良	△	△	
369	文殊師利問菩薩署經	南詩，北率	詩	率	❜		
370	佛說明度五十校計經	絲	絲	絲	△		
371	入定不定印經	南髮，北被	髮	被	○		
372	不必定入定入印經	南髮，北被	髮	被	△	△	
373	佛說謗佛經	男	男	男	○		
374	佛說決定總持經	男	男	男	△	△	
375	佛說象腋經	慕	慕	慕	○		
376	佛說無所希望經	慕	慕	慕			
377	佛說甚深大迴向經	南賢，北景	賢	景	◉		
378	佛說大方廣未曾有經善巧方便品	南淵，北斯	淵	斯	◉		
379	佛說十二頭陀經	南賢，北羊	賢	羊	◉		
380	佛說四輩經	南賢，北景	賢	景	△		

381	佛說三品弟子經	南賢，北景	賢	景	◗		
382	佛說四不可得經	南莫，北短	莫	短	⬕		
383	佛說佛印三昧經	南行，北羊	行	羊	△		
384	佛語法門經	南忘，北短	忘	短	○		
385	佛說法常住經	南賢，北羊	賢	羊	⬕		
386	佛說罪業報應教化地獄經	南尺，北敬	尺	敬	○		
387	佛說辯意長者子所問經	當	當	當	○		
388	佛說大自在天子因地經	南命，北盡	命	盡	⬕		
389	佛說尊那經	南夙，北臨	夙	臨	○		
390	佛說弟子死復生經	當	當	當	△		
391	佛說七女經過	南尺，北敬	尺	敬	⬕		
392	佛說懈怠耕者經	當	當	當	○		
393	大法炬陀羅尼經	使可	使可	使可	○		
394	大威德陀羅尼經	覆器	覆器	覆器	△		
395	尊勝菩薩所問一切諸法入無量法門陀羅尼經	南莫，北岡	莫	岡	○		
396	佛說無崖際總持法門經	南莫，北岡	莫	岡			
397	金剛場陀羅尼經	南莫，北岡	莫	岡	○		
398	金剛上味陀羅尼經	南莫，北岡	莫	岡			

大乘經藏—方等密呪部							
編號	閱藏知津 經典題名	閱藏知津 南北藏函號	永樂南藏 目錄函號	永樂北藏 目錄函號	閱藏知津 目錄符號	閱藏知津 正文符號	備　註
399	大佛頂如來密因修證了義諸菩薩萬行首楞嚴經	羔	羔	羔	◉		
400	佛說一切如來眞實攝大乘現證三昧大教王經	南如松，北盛川	如松	盛川	○		
401	金剛頂一切如來眞實攝大乘現證大教王經	南之，北流	之	流			
402	大乘金剛髻珠菩薩修行分經	南遐，北殷	遐	殷	○		
403	大乘瑜伽金剛性海曼殊室利千臂千鉢大教王經	容	容	容	⬔		
404	佛說一切如來金剛三業最上祕密大教王經	息	息	息	○		
405	佛說最上根本大樂金剛不空三昧大教王經	南溫，北澄	溫	澄	◔		
406	大樂金剛不空眞實三麼耶般若波羅密多理趣經	南川，北澄	川	澄	○	○	

407	金剛頂瑜伽理趣般若經	南思，北澄	思	澄	◎	◎	
408	實相般若波羅密經	翔	翔	翔	○	○	
409	佛說意密相經	南馨，北不	馨	不	○		
410	佛說金剛場莊嚴般若波羅密多教中一分	南斯，北夙	斯	夙	◝		
411	佛說幻化網大瑜伽教十忿怒明王大明觀想儀軌經	南履，北思	履	思	○		
412	佛說大悲空智金剛大教王儀軌經	思	思	思	○		
413	一切如來大祕密王未曾有最上微妙大曼羅經	南命，北川	命	川	○		
414	大毗盧遮那成佛神變加持經	南讚，北賢	讚	賢	◝		
415	佛說無二平等最上瑜伽大教王經	南斯，北淵	斯	淵	○		
416	佛說瑜伽大教王經	南興，北流	興	流	◝		
417	金剛峰樓閣一切瑜伽瑜祇經	南澄，北取	澂	取	○		A23
418	一字佛頂輪王經	南詩，北克	詩	克	◝		
419	菩提場所說一字頂輪王經	南流，北不	流	不	○	○	
420	一字奇特佛頂經	南川，北不	川	不	◣		
421	妙吉祥平等祕密最上觀門大教王經	取	取	取	○		
422	佛頂放無垢光明入普門觀察一切如來陀羅尼經	南力，北忠	力	忠	◉		
423	佛說守護大千國土經	力	力	力	◎		
424	佛說出生一切如來法眼遍照大力明王經	南竭，北流	竭	流			
425	廣大寶樓閣善住祕密陀羅尼經	南讚，北念	讚	念	◎		
426	牟梨曼陀羅呪經	南羊，北念	羊	念			
427	大寶廣博樓閣善住祕密陀羅尼經	南不，北息	不	息	◝	⊙	
428	普徧光明燄鬘清淨熾盛如意寶印心無能勝大明王大隨求陀羅尼經	南思，北取	思	取	○		
429	佛說隨求即得大自在陀羅尼神呪經	行	行	行	◝	⊙	
430	佛說佛頂尊勝陀羅尼經	南改，北莫	改	莫	◎		
431	佛頂尊勝陀羅尼經	南改，北莫	改	莫			
432	佛頂最勝陀羅尼經	南得，北莫	得	莫			

433	佛頂尊勝陀羅尼經	南得，北莫	得	莫			
434	最勝佛頂陀羅尼淨除業障經	南改，北莫	改	莫	◎	◎	
435	大方等陀羅尼經	信	信	信	◎		
436	佛說大方等大雲請雨經	南傷，北毀	傷	毀	○		
437	大雲請雨經	毀	毀	毀			
438	大雲輪請雨經	南傷，北毀	傷	毀			
439	大雲輪請雨經	南不，北清	不	清	○	○	B7
440	佛說一切如來烏瑟膩沙最勝總持經	南履，北臨	履	臨	◎		
441	佛說大白傘蓋編持陀羅尼經	南若，北之	若	之	◗		
442	佛說最勝妙吉祥根本智最上祕密一切名義三麼地分	南竟，北藁	竟	藁	○		
443	佛說徧照般若波羅密經	南深，北命	深	命	○		
444	佛說佛母般若波羅密多大明觀想儀軌經	南斯，北澄	斯	澄	○		
445	仁王般若念誦法	南竟，北藁	竟	藁	◎		
446	佛說普賢曼拏羅經	南臨，北盡	臨	盡	○		
447	佛說一切如來安像三昧儀軌經	南取，北止	取	止	○		
448	無量壽如來修觀行供養儀軌	南竟，北藁	竟	藁	◎		
449	佛說帝釋巖祕密成就儀軌	南竟，北杜	竟	杜			
450	底哩三昧耶不動尊威怒王使者念誦法	南流，北言	流	言	○		
451	佛說大灌頂神呪經	恭	恭	恭	○		
452	守護國界主陀羅尼經	南止，北蘭	止	蘭	◉		
453	七佛所說神呪經	南景，北羊	景	羊	○		
454	一切如來正法祕密篋印心陀羅尼經	南力，北忠	力	忠	◉		
455	一切如來心祕密全身舍利寶篋印陀羅尼經	南流，北興	流	與	◎	◎	B8
456	佛說聖曜母陀羅尼經	南臨，北則	臨	則	○		
457	聖無能勝金剛火陀羅尼經	南命，北則	命	則	○		
458	佛說大金剛香陀羅尼經	南薄，北臨	薄	臨			
459	佛說智光滅一切業障陀羅尼經	南命，北則	命	則	◑		
460	佛說智炬陀羅尼經	行	行	行	○	○	
461	諸佛集會陀羅尼經	行	行	行	○		

462	佛說一切如來金剛壽命陀羅尼經	南流，北興	流	與	◝	◝	B 9
463	息除中夭陀羅尼經	南力，北忠	力	忠	○	○	
464	十二佛名神呪校量功德除障滅罪經	南必，北能	必	能	○		
465	佛說稱讚如來功德神呪經	南必，北能	必	能			
466	東方最勝燈王如來助護持世間神呪經	南莫，北罔	莫	罔	◝		
467	佛說持句神呪經	南莫，北罔	莫	罔			
468	佛說陀鄰尼鉢經	南莫，北罔	莫	罔			
469	最上燈明如來陀羅尼經	忠	忠	忠	○	○	
470	佛說華積樓閣陀羅尼經	南臨，北命	臨	命	○		
471	華積陀羅尼神呪經	南莫，北能	莫	能			
472	師子奮迅菩薩所問經	南莫，北能	莫	能			
473	佛說華聚陀羅尼呪經	南莫，北能	莫	能			
474	拔濟苦難陀羅尼經	行	行	行	◝		
475	佛母大孔雀明王經	南改，北知	改	知	◝		
476	佛說孔雀王呪經	南必，北過	必	過			
477	佛說大孔雀呪王經	南改，北知	改	知	○	○	
478	佛說大孔雀王神呪經	南必，北過	必	過			
479	佛說大孔雀王雜神呪經	南必，北過	必	過			
480	大金色孔雀王呪經	南必，北過	必	過			
481	大孔雀明王畫像壇場儀軌	南學，北杜	學	杜	◝		
482	菩揚場莊嚴陀羅尼經	不	不	不	○		
483	佛說大乘聖無量壽決定光明王如來陀羅尼經	南竭，北力	竭	力	◎		
484	佛說無能勝旛王如來莊嚴陀羅尼經	南竭，北忠	竭	忠	◎		
485	佛說聖莊嚴陀羅尼經	南臨，北命	臨	命	○		
486	佛說寶帶陀羅尼經	南斯，北夙	斯	夙	○	○	
487	大吉義神呪經	行	行	行	◝		
488	金剛光燄止風雨陀羅尼經	南羊，北維	羊	維	◝		
489	說聖多羅菩薩經	南興，北深	興	深	◎		
490	聖觀自在菩薩一百八名經	南盡，北則	盡	則	◝		
491	毗俱胝菩薩一百八名經	南盡，北則	盡	則	○		
492	佛說大吉祥陀羅尼經	南興，北深	興	深	◎		
493	佛說大吉祥天女十二契一百八名無垢大乘經	南流，北興	流	與	◎		B 10

494	佛說大吉祥天女十二名號經	南流，北興	流	與	◎		B11
495	大乘八大曼拏羅經	南夙，北臨	夙	臨	◔		
496	佛說八大菩薩曼荼羅經	南淵，北斯	淵	斯	○	○	
497	無垢淨光大陀羅尼經	南莫，北彼	莫	彼	◎		
498	聖佛母小字般若波羅密多經	南竭，北忠	竭	忠	◎		
499	諸佛心印陀羅尼經	南盡，北則	盡	則			
500	諸佛心陀羅尼經	行	行	行	○	○	
501	消除一切閃電障難求如意陀羅尼經	忠	忠	忠	○		
502	佛說如意摩尼陀羅尼經	南盡，北則	盡	則	○	○	
503	虛空藏菩薩問七佛陀羅尼呪經	南莫，北岡	莫	岡	○		
504	如來方便善巧呪經	南莫，北岡	莫	岡			
505	聖虛空藏菩薩陀羅尼經	南力，北忠	力	忠	◔	◉	
506	佛說救拔燄口餓節陀羅尼經	南淵，北斯	淵	斯	◔		
507	佛說救面然餓鬼陀羅尼經	南行，北念	行	念	○	○	
508	佛說甘露經陀羅尼	南行，北念	行	念	◎		
509	瑜伽集要救阿難陀羅尼燄口儀軌經	南止，北斯	止	斯	◔		
510	佛說延壽妙門陀羅尼經	南興，北深	興	深	◔		
511	護命法門神呪經	南莫，北岡	莫	岡	○	○	
512	善法方便陀羅尼經	南莫，北岡	莫	岡			
513	金剛祕密善門陀羅尼經	南莫，北岡	莫	岡			
514	佛說七俱胝佛母準提大明陀羅尼經	南改，北莫	改	莫	◎		
515	佛說七俱胝佛母心大準提陀羅尼經	南改，北莫	改	莫	○	◉	
516	七俱胝佛母所說準提陀羅尼經	南淵，北莫	淵	莫	◔	○	
517	佛說慈氏菩薩誓願陀羅尼經	南夙，北臨	夙	臨			
518	百千印陀羅尼經	行	行	行	○		
519	六字大陀羅尼呪經	行	行	行			
520	六字呪王經	南莫，北能	莫	能			
521	六字神呪王經	南莫，北能	莫	能			
522	佛說聖六字大明王陀羅尼經	南臨，北命	臨	命	○		
523	佛說大護明大陀羅尼經	南力，北忠	力	忠	◟		
524	聖六字增壽大明陀羅尼經	南履，北臨	履	臨	◔		

525	佛說療痔病經	當	當	當	◠		
526	佛說善樂長者經	南興，北深	興	深	◎		
527	佛說能淨一切眼疾病陀羅尼經	南淵，北斯	淵	斯			
528	佛說蓮華眼陀羅尼經	南盡，北則	盡	則	◠		
529	佛說寶生陀羅尼經	南命，北盡	命	盡	○		
530	佛說尊勝大明王經	南命，北則	命	則	○		
531	佛說金身陀羅尼經	南斯，北夙	斯	夙	○		
532	佛說持世陀羅尼經	行	行	行	◉		
533	佛說雨寶陀羅尼經	南流，北興	流	與	◠	⊙	B 12
534	佛說大乘聖吉祥持世陀羅尼經	南竭，北力	竭	力	△	△	
535	聖持世陀羅尼經	南忠，北則	忠	則			
536	佛說聖大總持王經	南命，北則	命	則	◠		
537	佛說宿命智陀羅尼經	南夙，北臨	夙	臨			
538	佛說鉢蘭那賒嚩哩大陀羅尼經	南夙，北臨	夙	臨			
539	佛說俱枳羅陀羅尼經	南夙，北臨	夙	臨			
540	佛說妙色陀羅尼經	南夙，北臨	夙	臨			
541	佛說大七寶陀羅尼經	行	行	行			
542	佛說栴檀香身陀羅尼經	南夙，北臨	夙	臨			
543	佛說無畏陀羅尼經	南思，北之	思	之	○		
544	佛說施一切無畏陀羅尼經	南思，北斯	思	斯	◠		
545	佛說熾盛光大威德消災吉祥陀羅尼經	南思，北之	思	之	◎		
546	佛說大威德金輪佛頂熾盛光如來消除一切災難陀羅尼經	南思，北之	思	之			
547	佛說持明藏八大總持王經	南命，北則	命	則			
548	佛說六門陀羅尼經	行	行	行	◎		
549	佛說善夜經	行	行	行	○		
550	勝幢臂印陀羅尼經	南得，北莫	得	莫	◠		
551	妙臂印幢陀羅尼經	南得，北莫	得	莫			
552	佛說普賢菩薩陀羅尼經	南命，北盡	命	盡	◠		
553	佛說十八臂陀羅尼經	南夙，北臨	夙	臨			
554	佛說勝幡瓔珞陀羅尼經	南臨，北命	臨	命	○		
555	佛說滅除五逆罪大陀羅尼經	南夙，北臨	夙	臨			
556	佛說洛义陀羅尼經	南夙，北臨	夙	臨			
557	佛說無量功德陀羅尼經	南夙，北臨	夙	臨			

558	佛說拔除罪障呪王經	行	行	行	◔		
559	佛說一切法功德莊嚴王經	行	行	行	◔		
560	莊嚴王陀羅尼經	行	行	行	◉		
561	八名普密陀羅尼經	行	行	行	◎		
562	佛說祕密八名陀羅尼經	南興，北深	興	深			
563	佛說如意寶總持王經	南命，北則	命	則	◎		
564	佛說一向出生菩薩經	南改，北莫	改	莫	◔		
565	說無量門微密持經	南罔，北莫	罔	莫	╲	╲	
566	佛說出生無量門持經	南罔，北莫	罔	莫	△	△	
567	阿難陀目佉尼訶離陀隣尼經	南得，北莫	得	莫			
568	阿難陀目佉尼訶離陀經	南得，北莫	得	莫			
569	佛說無量門破魔陀羅尼經	南得，北莫	得	莫			
570	舍利弗陀羅尼經	南得，北莫	得	莫			
571	出生無邊門陀羅尼經	南得，北莫	得	莫	○	○	
572	佛說出生無邊門陀羅尼經	南流，北興	流	與	○	○	B 13
573	大方廣菩薩藏文殊師利根本儀軌經	南則盡，北若	則盡	若	◔		
574	大方廣菩薩藏經中文殊師利根本一字陀羅尼法	南必，北能	必	能	○	○	
575	曼殊室利菩薩呪藏中一字呪王經	南必，北能	必	能			
576	佛說大陀羅尼末法中一字心呪經	南羔，北念	羔	念	◎	◎	
577	金剛頂經曼殊室利菩薩五字心陀羅尼品	南行，北念	行	念	○		
578	文殊師利寶藏陀羅尼經	南景，北羊	景	羊	◎		
579	聖閻曼德迦威怒王立成大神驗念誦法	南竟，北藁	竟	藁			
580	大方廣曼殊室利童眞菩薩華嚴本教讚閻曼德迦忿怒王眞言阿毗遮嚕迦儀軌品	南學，北藁	學	藁			
581	文殊師利菩薩根本大教王經金翅鳥王品	南取，北止	取	止			
582	文殊問經字母品	南不，北清	不	清			B 14
583	佛說最上意陀羅尼經	南命，北則	命	則	◉		
584	佛說聖最勝陀羅尼經	南履，北臨	履	臨	○	○	
585	不空羂索神變眞言經	南良知過，北必改得	良知過	必改得	◔		

586	佛說不空羂索呪經	南才，北過	才	過	○	○	
587	不空羂索神呪心經	南才，北過	才	過			
588	不空羂索呪心經	南才，北過	才	過	○	○	
589	聖觀自在菩薩不空王祕密心陀羅尼經	南淵，北斯	淵	斯	○	◎	
590	佛說大乘莊嚴寶王經	竭	竭	竭	Ⓐ		
591	佛說大方廣曼殊室利經觀自在菩薩儀軌經	南取，北止	取		○		G 3
592	佛說大方廣曼殊室利經觀自在多羅菩薩儀軌經	南川，北止	川	止			
593	葉衣觀自在菩薩經	南不，北清	不	清	○		B 15
594	阿唎多羅陀羅尼阿嚕力經	南川，北流	川	流	◔		
595	金剛恐怖集會方廣儀軌觀自在菩薩三世最勝心明王經	南川，北止	川	止	○		
596	十一面觀自在菩薩心密言念誦儀軌經	南馨，北止	馨	止	○		
597	千手千眼觀世音菩薩廣大圓滿無礙大悲心陀羅尼經	南必，北能	必	能	◉		
598	千手千眼觀世音菩薩姥陀羅尼身經	南必，北能	必	能			
599	千手千臂觀世音菩薩陀羅尼神呪經	南必，北能	必	能			
600	觀自在菩薩怛嚩多隨心陀羅尼經	南必，北能	必	能	○		
601	如意輪陀羅尼經	南必，北能	必	能	○		
602	觀世音菩薩祕密藏神呪經	南必，北能	必	能	○	○	
603	觀世音菩薩如意摩尼陀羅尼經	南必，北能	必	能			
604	觀自在菩薩如意心陀羅尼經	南必，北能	必	能	◔	◉	
605	佛說觀自在菩薩母陀羅尼經	南興，北深	興	深	◎		
606	佛說一切如來名陀羅尼經	南興，北深	興	深	◎		
607	觀自在菩薩說普賢陀羅尼經	南淵，北斯	淵	斯	◔		
608	清淨觀世音菩薩普賢陀羅尼經	行	行	行	○	○	
609	請觀世音菩薩消伏毒害陀羅尼經	南莫，北能	莫	能	◎		
610	廣大蓮華莊嚴曼拏羅滅一切罪陀羅尼經	南命，北盡	命	盡	◔		

611	佛說一髻尊陀羅尼經	南思，北斯	思	斯	◕		
612	佛說祕密三昧大教王經	南息，北淵	息	淵	○		
613	最上大乘金剛大教寶王經	南履，北臨	履	臨	◕		
614	妙臂菩薩所問經	南盡，北則	盡	則	◎		
615	蘇婆呼童子經	南羊，北賢	羊	賢	◕		
616	蘇悉地羯羅經	南羊，北克	羊	克	◕		
617	金剛頂瑜伽念珠經	南川，北澄	川	澄	◕		
618	佛說金剛手菩薩降伏一切部多大教王經	南履，北淵	履	淵			
619	金剛恐怖集會方廣儀軌觀自在菩薩三世最勝心明王大威力烏樞瑟摩明王經	南川，北止	川	止			
620	金剛手光明灌頂經最勝立即聖無動尊大威怒王念誦儀軌法品	南優，北鍾	優	鍾			
621	聖迦抳忿怒金剛童子菩薩成就儀軌經	南取，北言	取	言			
622	大乘方廣曼殊室利菩薩華嚴本教讚閻曼德迦忿怒王眞言大威德儀軌品	南竟，北藁	竟	藁			
623	佛說妙吉祥瑜伽大教金剛陪囉嚩輪觀想成就儀軌經	南夙，北言	夙	言			
624	金剛薩埵說頻那夜迦天成就儀軌經	南薄，北思	薄	思			
625	穢迹金剛說神通大滿陀羅尼法術靈要門經	南馨，北清	馨	清	○		B 16
626	穢迹金剛法禁百變法門經	南馨，北清	馨	清	○		B 17
627	佛說金剛香菩薩大明成就儀軌經	南薄，北思	薄	思	○		
628	佛說虛空藏菩薩能滿諸願最勝心陀羅尼求聞持法	行	行	行	◕		
629	聖多羅菩薩一百八名陀羅尼經	南忠，北則	忠	則			
630	香王菩薩陀羅尼呪經	行	行	行	○		
631	增慧陀羅尼經	南履，北臨	履	臨	◕		
632	佛說大摩里支菩薩經	南臨，北盡	臨	盡	◕		
633	佛說摩利支天陀羅尼呪經	南改，北盡	改	盡	◕	◕	

634	佛說末利支提婆華鬘經	南言，北盡	言	盡			
635	佛說摩利支天經	南思，北盡	思	盡			
636	佛說最上祕密那拏天經	南溫，北澄	溫	澄	◖		
637	佛說寶藏神大明曼拏羅儀軌經	南命，北比	命	止			C6
638	速疾力驗摩醯首羅天說阿尾奢法	南學，北杜	學	杜			
639	大藥义女歡善母并愛子成就法	南學，北杜	學	杜			
640	訶利帝母眞言法	南無，北隷	無	隷			
641	佛說護諸童子陀羅尼呪經	行	行	行	○		
642	囉嚩拏說救療小兒疾病經	南夙，北臨	夙	臨			
643	千轉大明陀羅尼經	南臨，北命	臨	命	○		
644	佛說毗沙門天王經	南臨，北盡	臨	盡	○		
645	阿吒婆拘鬼神大將上佛陀羅尼經	行	行	行			
646	寶賢陀羅尼經	南興，北深	興	深	◎		
647	幻師颰陀神呪經	行	行	行			
648	佛說大愛陀羅尼經	南夙，北臨	夙	臨			
649	佛說陀羅尼集經	南得能，北忘罔	得能	忘罔	○		
650	佛說十一面觀世音神呪經	南改，北能	改	能	○	○	
651	十一面神呪心經	南改，北能	改	能			
652	千轉陀羅尼觀世音菩薩呪經	南改，北能	改	能			
653	六字神呪經	南改，北能	改	能			
654	大聖大歡喜雙身毗那耶迦法	南學，北杜	學	杜			
655	佛說大普賢陀羅尼經	行	行	行			
656	佛說消除一切災障寶髻陀羅尼經	南夙，北臨	夙	臨			
657	大寒林聖難拏陀羅尼經	南力，北忠	力	忠			
658	佛說檀持羅麻油述經	行	行	行			
659	佛說摩尼羅亶經	行	行	行			
660	佛說穰麌棃童女經	南流，北興	流	興	○		B18
661	佛說安宅神呪經	行	行	行			
662	佛說息除賊難陀羅尼經	南興，北深	興	深	◖		
663	佛說辟除賊害呪經	行	行	行			
664	佛說呪時氣病經	行	行	行			
665	佛說呪齒經	行	行	行			

666	佛說呪目經	行	行	行			
667	佛說咒小兒經	行	行	行			
668	佛說除一切疾病陀羅尼經	南淵，北斯	淵	斯	○		
669	佛說辟除諸惡陀羅尼經	南夙，北臨	夙	臨			
670	呪三首經	南改，北能	改	能			
671	梵本大悲神呪		竟				E 1, G 4
672	呪五首經	南改，北能	改	能			
673	種種雜呪經	南改，北莫	改	莫			
674	最勝佛頂陀羅尼經	南竭，北忠	竭	忠	○		
675	大金剛妙高山樓閣陀羅尼	南命，北盡	命	盡			
676	金剛摧碎陀羅尼	南思，北斯	思	斯			
677	佛說無量壽大智陀羅尼	南興，北深	興	深			
678	佛說宿命智陀羅尼	南興，北深	興	深			
679	佛說妙吉祥菩薩陀羅尼	南興，北深	興	深			
680	佛說慈氏菩薩陀羅尼	南興，北深	興	深			
681	佛說虛空藏菩薩陀羅尼	南興，北深	興	深			
682	拔一切業障根本得生淨土陀羅尼	貞		貞			F 4
683	陀羅尼門諸部要目	南竟，北隸	竟	隸	○		

大乘經藏—方等密呪儀							
編號	閱藏知津經典題名	閱藏知津南北藏函號	永樂南藏目錄函號	永樂北藏目錄函號	閱藏知津目錄符號	閱藏知津正文符號	備註
684	金剛頂經一切如來真實攝大乘現證大教王經	南優，北亦	優	亦	○		
685	金剛頂瑜伽中略出念誦	南景，北念	景	念	○		
686	金剛頂瑜伽金剛薩埵五祕密修行念誦儀軌	南竟，北薰	竟	薰	◎		
687	金剛頂瑜伽金剛薩埵儀軌	南學，北杜	學	杜			
688	金剛頂瑜伽經十八會指歸	南無，北隸	無	隸			
689	金剛頂瑜伽三十七尊禮	南竟，北隸	竟	隸	◎		
690	一切祕密最上名義大教王儀軌	南竟，北杜	竟	杜	◎		
691	妙吉祥平等瑜伽祕密觀身成佛儀軌	南優，北鍾	優	鍾	○		
692	妙吉祥平等觀門大教王經略出護摩儀	南優，北隸	優	隸			
693	金剛王菩薩祕密念誦儀軌	南無，北薰	無	薰			

694	金剛頂瑜伽修習毗盧遮那三摩地法	南無，北鍾	無	鍾	◎		
695	不空羂索毗盧遮那佛大灌頂光眞言	南思，北斯	思	斯	○		
696	大毗盧遮那成佛神變加持經略示七支念誦隨行法	南學，北杜	學	杜			
697	大日經略攝念誦隨行法	南學，北杜	學	杜			
698	一字佛頂輪王念誦儀軌	南優，北鍾	優	鍾			
699	瑜伽翳迦訖沙囉烏瑟尼沙斫訖囉眞言安怛陀那儀則一字頂輪王瑜伽經	南竟，北既	竟	既			
700	金剛頂瑜伽護摩儀軌	南無，北隸	無	隸	○		
701	一字金輪王佛頂要略念誦法	南學，北杜	學	杜			
702	佛頂尊勝陀羅尼念誦儀軌	南無，北薰	無	薰	○		
703	阿閦如來念誦供養法	南無，北薰	無	薰	○		
704	金剛壽命陀羅尼念誦法	南學，北杜	學	杜			
705	佛說持明藏瑜伽大教尊那菩薩大明成就儀軌經	南夙，北思	夙	思	○		
706	佛說觀想佛母般若波羅密多菩薩經	南盡，北則	盡	則	◐		
707	聖八千頌般若波羅密多一百八名眞實圓義陀羅尼經	南思，北斯	思	斯	◐		
708	仁王護國般若波羅密多經道場念誦儀軌	南優，北鍾	優	鍾			
709	成就妙法蓮華經王瑜伽觀智儀軌	南學，北杜	學	杜	○		
710	金剛頂蓮華部心念誦儀軌	南無，北鍾	無	鍾	○		
711	大樂金剛薩埵修行成就儀軌	南竟，北杜	竟	杜			
712	金剛頂瑜伽降三世成就極深密門	南學，北杜	學	杜			
713	佛說大乘觀想曼拏淨諸惡趣經	南薄，北止	薄	止	◐		
714	蘇悉地羯羅供養法	南學，北鍾	學	鍾	○		
715	不空羂索心呪王經	南才，北過	才	過	○		
716	不空羂索陀羅尼經	南才，北過	才	過			
717	瑜伽蓮華部念誦法	南優，北鍾	優	鍾			
718	佛說一切佛攝相應大教王經聖觀自在菩薩念誦儀軌經	南夙，北止	夙	止			

719	金剛頂瑜伽千手千眼觀自在菩薩修行儀軌經	南無，北英	無	英	☽		
720	大悲心陀羅尼修行念誦略儀	南優，北隸	優	隸			
721	觀自在菩薩如意輪瑜伽念誦法	南學，北杜	學	杜	○		
722	觀自在菩薩如意輪瑜伽法要	南行，北念	行	念			
723	觀自在菩薩如意輪念誦儀軌	南竟，北杜	竟	杜	☽		
724	佛說如意輪蓮華心如來修行觀門儀	南學，北鍾	學	鍾			
725	金剛頂經瑜伽觀自在王如來修行法	南優，北鍾	優	鍾	○		
726	金剛頂經觀自在王如來修行法	南優，北鍾	優	鍾			
727	聖觀自在菩薩心眞言瑜伽觀行儀軌	南竟，北藁	竟	藁	◎		
728	觀自在多羅瑜伽念誦法	南竟，北藁	竟	藁			
729	普賢金剛薩埵瑜伽念誦儀	南無，北隸	無	隸	○		
730	金剛頂瑜伽他化自在天理趣會普賢修行念誦儀軌	南學，北杜	學	杜			
731	金剛頂勝初瑜伽普賢菩薩念誦法經	南無，北藁	無	藁			
732	金剛頂經瑜伽文殊師利菩薩法一品	南無，北隸	無	隸	☽		
733	金剛頂超勝三界經說文殊五字眞言勝相	南優，北隸	優	隸	◎		
734	大聖曼殊室利童子五字瑜伽法	南學，北杜	學	杜	○		
735	五字陀羅尼頌	南學，北杜	學	杜	☽		
736	金剛頂瑜伽經文殊師利菩薩儀軌供養法	南優，北鍾	優	鍾	○		
737	佛說妙吉祥最勝根本大教經	南薄，北取	薄	取			
738	無能勝大明陀羅尼經	南學，北英	學	英			
739	無能勝大明心陀羅尼經	南學，北英	學	英			
740	大虛空藏菩薩念誦法	南竟，北藁	竟	藁			
741	大威怒烏芻澁摩儀軌	南學，北杜	學	杜			
742	甘露軍茶利菩薩供養念誦成就儀軌	南竟，北藁	竟	藁	☽		
743	不動使者陀羅尼祕密法	南無，北鍾	無	鍾	○		
744	佛說聖寶藏神儀軌經	南命，北止	命	止			

編號	閱藏知津經典題名	閱藏知津南北藏函號	永樂南藏目錄函號	永樂北藏目錄函號	閱藏知津目錄符號	閱藏知津正文符號	備註
745	曼殊室利呪藏中校量數珠功德經	南才，北之	才	知	☽		
746	佛說校量數珠功德經	南才，北之	才	知			
747	文殊所說最勝名義經	南優，北臺	優	臺			
748	聖妙吉祥眞實名經	南思，北澄	思	澄			
749	聖救度佛母二十一種禮讚經	南履，北言	履	言			
750	佛說一切如來頂輪一百八名讚經	南履，北言	履	言	○		
751	讚揚聖德多羅菩薩一百八名經	南盡，北則	盡	則	○		
752	七佛讚唄伽陀	南竭，北言	竭	言	◎		
753	曼殊室利菩薩吉祥伽陀	南興，北言	興	言			
754	曼殊室利菩薩吉祥伽陀	南竟，北杜	竟	杜			
755	佛說文殊師利一百八名梵讚	南深，北言	深	言	○		
756	聖金剛手佛菩薩一百八名梵讚	南夙，北言	夙	言			
757	佛說聖觀自在菩薩梵讚	南臨，北言	臨	言	○		
758	聖多羅菩薩梵讚	南履，北言	履	言			
759	犍椎梵讚	南深，北言	深	言			
760	八大靈塔梵讚	南夙，北言	夙	言			
761	三身梵讚	南夙，北言	夙	言			
762	受菩提心戒儀	南竟，北隸	竟	隸	☽		
763	瑜伽集要燄口施食儀起教阿難陀緣由	南淵，北漆					F 5, G 5
764	瑜伽集要燄口施食儀	南淵，北漆	淵	漆			

大乘經藏—般若部							
編號	閱藏知津經典題名	閱藏知津南北藏函號	永樂南藏目錄函號	永樂北藏目錄函號	閱藏知津目錄符號	閱藏知津正文符號	備註
765	大般若波羅密多經	天地至李奈	天地至李奈	天地至李奈	◎		
766	放光般若波羅密經	柰重芥	柰重芥	柰重芥	△	△	
767	摩訶般若波羅密經	薑海鹹	薑海鹹	薑海鹹	○	○	
768	光讚般若波羅密經	河	河	河			
769	道行般若波羅密經	淡	淡	淡			
770	小品般若波羅密經	鱗	鱗	鱗			
771	佛母出生三法藏般若波羅密多經	南似蘭，北履薄	似蘭	履薄	○	○	
772	佛母寶德藏般若波羅密經	南履，北臨	履	臨	○	○	

編號	閱藏知津經典題名	閱藏知津南北藏函號	永樂南藏目錄函號	永樂北藏目錄函號	閱藏知津目錄符號	閱藏知津正文符號	備註
773	大明度無極經	潛	潛	潛			
774	摩訶般若波羅密鈔經	潛	潛	潛			
775	勝天王般若波羅密經	羽	羽	羽	◎	◎	
776	文殊師利所說摩訶般若波羅密經	翔	翔	翔	⊙	⊙	
777	文殊師利所說般若波羅密經	翔	翔	翔	⊙	⊙	
778	佛說濡首菩薩無上清淨分衛經	翔	翔	翔			
779	金剛般若波羅密經	羽	羽	羽	⊚	⊚	
780	金剛般若波羅密經	羽			⊙	⊙	F 6, G 6
781	金剛般若波羅密經	羽			○	○	F 7, G 7
782	金剛能斷般若波羅密經	翔	翔	翔			
783	能斷金剛般若波羅密經	翔	翔	翔	○	○	
784	能斷金剛般若波羅密多經	翔			○	○	F 8, G 8
785	仁王護國般若波羅密多經	南流，北溫	流	溫	◎		
786	仁王護國般若波羅密經	翔	翔	翔	△	△	
787	佛說了義般若波羅密多經	南淵，北斯	淵	斯	⊙		
788	佛說五十頌聖般若波羅密經	南履，北臨	履	臨	◎		
789	佛說帝釋般若波羅密心經	南履，北臨	履	臨			
790	般若波羅密多心經	翔	翔	翔	◉		
791	摩訶般若波羅密大明呪經	翔	翔	翔			
792	佛說聖佛母般若波羅密多經	南清，北薄	清	薄	⊙	⊙	

大乘經藏—法華部							
編號	閱藏知津經典題名	閱藏知津南北藏函號	永樂南藏目錄函號	永樂北藏目錄函號	閱藏知津目錄符號	閱藏知津正文符號	備註
793	無量義經	草	草	草	◎		
794	妙法蓮華經	草	草	草	⊙		
795	正法華經	木	木	木			
796	妙法蓮華經	南蓋，北賴	蓋	賴			
797	薩曇芬陀利經	草	草	草			
798	觀世音菩薩普門品	南（缺），北草	（缺）	草	⊙	⊙	H 1
799	法華三昧經	草	草	草			
800	廣博嚴淨不退轉法輪經	髮	髮	髮	◎		

801	不退轉法輪經	髮	髮	髮	△		
802	阿惟越致遮經	南此，北蓋	此	蓋			
803	大薩遮尼乾子受記經	豈	豈	豈	◎		
804	菩薩行方便境界神通變化經	養	養	養	△	△	
805	金剛三昧經	南賢，北難	賢	難	◉		
806	大法鼓經	染	染	染	⊿		
807	佛說觀普賢菩薩行法經	南罔，北短	罔	短	◉		

大乘經藏—涅槃部							
編號	閱藏知津經典題名	閱藏知津南北藏函號	永樂南藏目錄函號	永樂北藏目錄函號	閱藏知津目錄符號	閱藏知津正文符號	備註
808	大般涅槃經	南率賓歸王，北賓歸王鳴	率賓歸王	賓歸王鳴	◎		
809	南本大般涅槃經	南鳴至竹，北鳳至白	鳴鳳在樹	鳳在樹白	◟	◟	A24，B19
810	大般泥洹經	南白，北食	白	食			
811	大般涅槃經後分	白	白	白	◎		
812	佛說方等般泥洹經	南駒，北白	駒	白	○		
813	四童子三昧經	南駒，北白	駒	食			C7
814	大悲經	駒	駒	駒	○		
815	大乘方廣總持經	南五，北才	五	才	◉		
816	佛說濟諸方等學	南五，北才	五	才			
817	集一切福德三昧經	南大，北化	大	化	◉		
818	等集眾德三昧經	南四，北化	四	化			
819	摩訶摩耶經	南忘，北彼	忘	彼	◉		
820	大方等大雲經	南毀，北男	毀	男	◉		
821	菩薩處胎經	悲	悲	悲	⊿		
822	中陰經	南絲，北景	絲	景	⊿		
823	佛說蓮華面經	南詩，北景	詩	景			

小乘經藏							
編號	閱藏知津經典題名	閱藏知津南北藏函號	永樂南藏目錄函號	永樂北藏目錄函號	閱藏知津目錄符號	閱藏知津正文符號	備註
824	增壹阿含經	形端表正空	形端表正空	形端表正空	○		
825	佛說阿羅漢具德經	南夙，北臨	夙	臨			
826	佛說四人出現世間經	南福，北緣	福	緣	△	△	
827	佛說波斯匿王太后崩塵土坌身經	南緣，北善	緣	善			
828	須摩提女經	南緣，北敬	緣	善	◞	◞	C8

829	佛說三摩竭經	南尺，北敬	尺	善			C9
830	佛說給孤長者女得度因緣經	南蘭，北薄	蘭	薄	○	○	
831	佛說婆羅門避死經	南緣，北善	緣	善			
832	食施獲五福報經	南緣，北善	緣	善	○	○	
833	頻婆娑羅王詣佛供養經	南緣，北善	緣	善			
834	佛說長者子六過出家經	南緣，北善	緣	善			
835	佛說鴦崛魔經	南緣，北善	緣	善			
836	佛說鴦崛髻經	南緣，北善	緣	善			
837	佛說力士移山經	南緣，北善	緣	善			
838	佛說四未曾有法經	南緣，北善	緣	善			
839	佛說舍利弗目犍連遊四衢經	南緣，北善	緣	善			
840	七佛父母姓字經	南緣，北善	緣	善			
841	佛說放牛經	南緣，北善	緣	善	△	△	
842	緣起經	南緣，北善	緣	善			
843	佛說十一想思念如來經	南緣，北善	緣	善			
844	佛說四泥犁經	南緣，北善	緣	善			
845	阿那邠邸七子經	南緣，北慶	緣	慶			
846	玉耶女經	慶	慶	慶			
847	玉耶經	慶	慶	慶	○	○	
848	阿遫達經	慶	慶	慶	△	△	
849	大愛道般涅槃經	南緣，北慶	緣	慶			
850	佛母般泥洹經	南緣，北慶	緣	慶			
851	舍衛國夢見十事經	南緣，北善	緣	善			
852	佛說國王不黎先尼十夢經	南緣，北善	緣	善			
853	中阿含經	作聖德建名立	作聖至名立	作聖至名立	△		
854	佛說七知經	南積，北緣	積	緣			
855	佛說園生樹經	南淵，北斯	淵	斯			
856	佛說鹹水喻經	南積，北緣	積	緣			
857	佛說薩鉢多酥哩踰捺野經	南履，北臨	履	臨	△	△	
858	佛說一切流攝守因經	南積，北緣	積	緣			
859	佛說四諦經	南積，北善	積	善			
860	佛說恆水經	南積，北善	積	善			
861	佛說本相倚致經	南積，北善	積	善			
862	佛說緣本致經	南福，北善	福	善			
863	佛說輪王七寶經	南淵，北斯	淵	斯			
864	佛說頂生王故事經	南福，北善	福	善			

865	佛說文陀竭王經	南福，北善	福	善			
866	佛說頻婆娑羅王經	南興，北臨	興	臨			
867	佛說鐵城泥犁經	南福，北緣	福	緣			
868	佛說閻羅王五天使者經	南福，北緣	福	緣	△	△	
869	說古來世時經	南福，北緣	福	緣			
870	大正句王經	南興，北深	興	深	△	△	
871	佛說阿那律八念經	南福，北緣	福	緣			
872	佛說離睡經	南福，北緣	福	緣			
873	佛說是法非法經	南福，北緣	福	緣			
874	佛說求欲經	南福，北緣	福	緣			
875	佛說受歲經	南福，北緣	福	緣			
876	佛說梵志計水淨經	南福，北緣	福	緣			
877	佛說大生義經	南清，北薄	清	薄	◉	◉	
878	佛說苦陰經	南福，北緣	福	緣			
879	佛說苦陰因事經	南福，北緣	福	緣			
880	佛說釋摩男本經	南福，北緣	福	緣			
881	佛說樂想經	南福，北緣	福	緣			
882	佛說漏分布經	南福，北緣	福	緣			
883	佛說阿耨颸經	南福，北緣	福	緣			
884	佛說諸法本經	南福，北緣	福	緣			
885	佛說瞿曇彌記果	南福，北緣	福	緣			
886	佛說瞻婆比丘經	南福，北善	福	善			
887	佛說伏婬經	南福，北緣	福	緣			
888	佛說魔嬈亂經	南福，北緣	福	緣			
889	佛說弊魔試目連經	南福，北緣	福	緣			
890	佛說賴吒和羅經	南福，北善	福	善			
891	佛說護國經	南溫，北薄	溫	薄	△	△	
892	佛說帝釋所問經	南溫，北深	溫	深	○	○	
893	佛說善生子經	南福，北善	福	善			
894	佛說數經	南福，北善	福	善			
895	佛說梵志頞波羅延問種尊經	南福，北善	福	善			
896	佛說須達經	南緣，北善	緣	善			
897	佛說長者施報經	南臨，北盡	臨	盡	△	△	
898	三歸五戒慈心厭功德經	南緣，北善	緣	善	○	○	
899	佛爲黃竹園老婆羅門說學經	南緣，北善	緣	善			
900	佛說梵摩喻經	南緣，北善	緣	善			
901	佛說尊上經	南緣，北善	緣	善			
902	佛說兜調經	南緣，北善	緣	善			

903	佛說鸚鵡經	南緣，北善	緣	善			
904	分別善惡報應經	南力，北竭	力	竭	❜	❜	
905	佛說意經	南緣，北善	緣	善			
906	佛說應法經	南緣，北善	緣	善			
907	佛說分別布施經	南清，北薄	清	薄	❜	❜	
908	佛說息諍因緣經	南斯，北夙	斯	夙			
909	佛說泥犁經	南福，北緣	福	緣			
910	佛說齋經	南福，北緣	福	緣	◎	◎	
911	佛說優婆夷墮舍迦經	南福，北緣	福	緣			
912	八關齋經	敬	敬	敬			
913	佛說八種長養功德經	南馨，北清	馨	清			B 20
914	佛說鞞摩肅經	緣	緣	緣			
915	佛說婆羅門子命終愛念不離經	緣	緣	緣			
916	佛說十支居士八城人經	緣	緣	緣			
917	佛說邪見經	緣	緣	緣			
918	佛說箭喻經	緣	緣	緣			
919	佛說長阿含經	南克念，北習聽	克念	習聽	○		
920	佛說七佛經	南深，北命	深	命	△	△	
921	毗婆尸佛經	南臨，北盡	臨	盡	△	△	
922	佛般泥洹經	南禍，北福	禍	福			
923	大般泥洹經	南禍，北駒	禍	駒			
924	佛說方等泥洹經	南禍，北駒	禍	駒			
925	佛說大堅固婆羅門緣起經	南淵，北斯	淵	斯			
926	佛說人仙經	南興，北臨	興	北臨			
927	佛說白衣金幢二婆羅門緣起經	南馨，北夙	馨	夙			
928	佛說尼拘陀梵志經	南馨，北夙	馨	夙			
929	佛說大集法門經	南斯，北薄	斯	薄	△	△	
930	長阿含十報法經	南聽，北因	聽	因			
931	佛說人本欲生經	南禍，北福	禍	福			
932	佛說尸迦羅越六方禮經	南禍，北福	禍	福			
933	佛說信佛功德經	南興，北深	興	深	△	△	
934	佛說大三摩惹經	南臨，北盡	臨	盡	△	△	
935	佛說梵志阿颰經	南禍，北善	禍	善	⟋	⟋	
936	佛說梵網六十二見	南禍，北福	禍	福			
937	佛說寂志果經	南禍，北善	禍	善			
938	佛說樓炭經	南積，北福	積	福			
939	起世經	南因，北積	因	積	○	○	

940	起世因本經	惡	惡	惡	△	△	
941	雜阿含經	谷傳聲虛堂	谷傳聲虛堂	谷傳聲虛空	○		C 10
942	別譯雜阿含經	南智聽，北禍因	智聽	禍因	△	△	
943	雜阿含經	南聽，北因		因	❜	❜	F 9
944	佛說七處三觀經	南緣，北慶	緣	慶			
945	五蘊皆空經	南緣，北善	緣	善			
946	佛說聖法印經	南緣，北慶	緣	慶	○	○	
947	佛說法印經	南清，北薄	清	薄	△	△	
948	五陰譬喻經	南善，北慶	善	慶	△	△	
949	佛說水沫所漂經	南善，北慶	善	慶			
950	佛說不自守意經	南善，北慶	善	慶			
951	佛說滿願子經	南善，北慶	善	慶	△	△	
952	轉法輪經	南善，北慶	善	慶			
953	佛說三轉法輪經	南善，北慶	善	慶			
954	佛說八正道經	南善，北慶	善	慶			
955	難提釋經	南善，北慶	善	慶			
956	佛說馬有三相經	南善，北慶	善	慶			
957	佛說馬有八態譬人經	南善，北慶	善	慶			
958	佛說戒德香經	南福，北緣	福	緣	○		
959	佛說戒香經	南興，北深	興	深	○	○	
960	佛說相應相可經	南善，北慶	善	慶			
961	本事經	南與，北孝	與	孝	△		
962	佛本行集經	南父至嚴，北父至與	父至嚴	父至與	△		
963	佛說諸佛經	南履，北臨	履	臨	○	○	
964	過去現在因果經	南慶，北尺	慶	尺	○		
965	修行本起經	南善，北尺	善	尺			
966	太子瑞應本起經	南慶，北尺	慶	尺			
967	異出菩薩本起經	維	維	維			
968	中本起經	南積，北緣	積	緣	○		
969	佛說初分說經	南馨，北夙	馨	夙			
970	佛說興起行經	南與，北當	與	當	△		
971	佛說眾許摩訶帝經	南深，北命	深	命	△		
972	佛垂般涅槃略說教誡經	南行，北食	行	食	◎		
973	佛臨涅槃記法住經	南賢，北食	賢	食			
974	佛說當來變經	南賢，北景	賢	景	△		
975	佛說法滅盡經	南賢，北景	賢	景	⊙		
976	般泥洹後灌臘經	南賢，北食	賢	食			
977	佛滅度後棺斂葬送經	南當，北食	當	食			

978	迦葉赴佛般涅槃經	南宜，北既	宜	既	○		
979	佛入涅槃密跡金剛力士哀戀經	南宜，北既	宜	既	○		
980	正法念處經	非寶寸陰是競資	非寶至競資	非寶至競資	△		
981	妙法聖念處經	忠	忠	忠	🖋	🖋	
982	佛說生經	璧	璧	璧	🖋		
983	佛說義足經	璧	璧	璧			
984	佛說大安般守意經	敬	敬	敬			
985	禪祕要法經	南尺，北竭	尺	竭	△		
986	治禪病祕要經	南善，北慶	善	慶	○		
987	陰持入經	南孝，北竭	孝	竭			
988	五百弟子自說本起經	孝	孝	孝			
989	佛說光明童子因緣經	南斯，北夙	斯	夙	△		
990	摩登伽經	南善，北慶	善	慶	○		
991	舍頭諫經	南善，北慶	善	慶			
992	摩鄧女經	慶	慶	慶			
993	摩登女解形中六事經	慶	慶	慶			
994	佛說奈女耆域因緣經	南慶，北尺	慶	尺	△		
995	佛說奈女耆婆經	南慶，北尺	慶	尺			
996	佛說福力太子因緣經	南馨，北夙	馨	夙	○		
997	佛說業報差別經	南與，北當	與	當	○		
998	佛說輪迴五道罪福報應經	南孝，北當	孝	當	○		
999	佛說十八泥犁經	敬	敬	敬			
1000	雜藏經	南善，北璧	善	璧	△		
1001	鬼問目連經	南善，北璧	善	璧			
1002	餓鬼報應經	南善，北璧	善	璧	△	△	
1003	佛說十二品生死經	南孝，北當	孝	當	○		
1004	佛說淨意優婆塞所問經	南斯，北夙	斯	夙	○		
1005	無垢優婆夷問經	當	當	當	○		
1006	阿難問事佛吉凶經	南善，北慶	善	慶	⊙		
1007	慢法經	南善，北慶	善	慶			
1008	阿難分別經	南善，北慶	善	慶			
1009	佛說分別善惡所起經	敬	敬	敬	△		
1010	佛說較量壽命經	南力，北則	力	則			
1011	十二緣生祥瑞經	南盡，北則	盡	則			
1012	佛說處處經	敬	敬	敬	🖋		
1013	天請問經	當	當	當	○		
1014	佛說分別緣生經	南清，北薄	清	薄	○		

1015	嗟韈曩法天子受三歸依獲免惡道經	南力，北則	力	則	○		
1016	佛說出家功德經	當	當	當	○		
1017	佛說大迦葉本經	南孝，北當	南孝	當	◌		
1018	佛說龍王兄弟經	南尺，北敬	南尺	敬			
1019	佛說羅云忍辱經	南孝，北當	南孝	當	◌		
1020	佛說梵摩難國王經	當	當	當	○		
1021	佛說普達王經	當	當	當	○		
1022	佛說末羅王經	南孝，北當	孝	當	○		
1023	佛說摩達國王經	南孝，北當	孝	當	△		
1024	佛說旃陀越國王經	南孝，北當	孝	當	△		
1025	萍沙王五願經	璧	璧	璧	◌		
1026	佛說五王經	當	當	當	○		
1027	犍陀國王經	敬	敬	敬	△		
1028	未生怨經	敬	敬	敬			
1029	瑠璃王經	璧	璧	璧			
1030	阿闍世王問五逆經	南尺，北敬	尺	敬			
1031	佛說解憂經	南深，北命	深	命	△		
1032	佛說無上處經	當	當	當	△		
1033	佛說無常經	南當，北孝	當	孝	☉		
1034	佛說信解智力經	南興，北臨	興	臨			
1035	佛說四無所畏經	南履，北臨	履	臨	◬		
1036	佛說四品法門經	南思，北斯	思	斯	☉		
1037	佛說法乘義決定經	南言，北之	言	之	◎		
1038	佛說決定義經	南溫，北薄	溫	薄	☉		
1039	佛說廣義法門經	南福，北緣	福	緣	△		
1040	佛說普法義經	緣	緣	緣			
1041	佛說海八德經	南尺，北璧	尺	璧			
1042	佛說法海經	南尺，北璧	尺	璧			
1043	佛說身毛喜豎經	南馨，北夙	馨	夙	△		
1044	黑氏梵志經	敬	敬	敬	△		
1045	長爪梵志請問經	當	當	當	☉		
1046	佛說婦人遇辜經	孝	孝	孝			
1047	須摩提長者經	敬	敬	敬	△		
1048	盧至長者因緣經	當	當	當	○		
1049	佛說耶祇經	南孝，北當	孝	當	△		
1050	佛說貧窮老公經	南尺，北敬	尺	敬	◬		
1051	佛為阿支羅迦葉說自他作苦經	敬	敬	敬	△		
1052	佛說長者音悅經	南尺，北敬	尺	敬	○		

1053	佛說鬼子母經	當	當	當	🖊		
1054	佛說孫多耶致經	當	當	當	○		
1055	佛說八師經	南尺，北敬	尺	敬	⊙		
1056	佛說九橫經	當	當	當	🖊		
1057	佛說沙曷比丘功德經	南孝，北當	孝	當	△		
1058	佛說得道梯隥錫杖經	南尺，北敬	尺	敬			
1059	佛說呵鵰阿那含經	孝	孝	孝	△		
1060	佛說燈指因緣經	孝	孝	孝	⊙		
1061	佛說五無返復經	南孝，北當	孝	當	△		
1062	佛說五無返復經	南孝，北當				F 10, G 9	
1063	長者子懊惱三處經	敬	敬	敬	△		
1064	五母子經	南善，北慶	善	慶	△		
1065	沙彌羅經	慶	慶	慶			
1066	佛說栴檀樹經	當	當	當	△		
1067	佛說佛大僧大經	南孝，北當	孝	當	○		
1068	阿鳩留經	敬	敬	敬	○		
1069	佛說頻多和多耆經	當	當	當			
1070	佛說越難經	南尺，北敬	尺	敬	○		
1071	佛說摩訶迦葉度貧母經	孝	孝	孝	⊙		
1072	佛說布施經	南臨，北則	臨	則	○		
1073	佛說五大施經	南思，北之	思	之	○		
1074	佛說四天王經	孝	孝	孝	△		
1075	佛說出家緣經	敬	敬	敬	△		
1076	孝子經	敬	敬	敬	△		
1077	佛說進學經	南尺，北敬	尺	敬			
1078	佛說賢者五福經	當	當	當	⊙		
1079	佛說解夏經	南溫，北深	溫	深	△		
1080	佛說蟻喻經	南淵，北斯	淵	斯	⊙		
1081	佛說自愛經	南孝，北當	孝	當	⚠		
1082	佛說罵意經	敬	敬	敬	🖊		
1083	佛說堅意經	南尺，北當	尺	當	🖊		
1084	佛說佛治身經	南宜，北既	宜	既			
1085	佛說佛醫經	南終，北明	終	明			
1086	佛說治意經	南宜，北既	宜	既			
1087	佛說大魚事經	孝	孝	孝	△		
1088	佛說法受塵經	敬	敬	敬	🖊		
1089	佛說阿含正行經	敬	敬	敬	△		
1090	佛說所欲致患經	南尺，北敬	尺	敬			
1091	佛說八無暇有暇經	南當，北孝	當	孝	○		

1092	佛說譬喻經	當	當	當	☉		
1093	四願經	敬	敬	敬			
1094	佛說四自侵經	南孝，北當	孝	當	⟋		
1095	佛說諸行有爲經	南力，北忠	力	忠	△		
1096	佛說木槵經	當	當	當	△		
1097	佛說醫喻經	南馨，北夙	馨	夙			
1098	佛說中心經	孝	孝	孝	△		
1099	佛說身觀經	南當，北孝	當	孝	⊚		
1100	佛說禪行三十七品經	南當，北孝	當	孝	△		
1101	禪行法想經	敬	敬	敬	△		
1102	佛說新歲經	當	當	當	△		
1103	佛說時非時經	南孝，北當	孝	當			
1104	佛說護淨經	當	當	當			
1105	佛說因緣僧護經	南當，北竭	當	竭	○		
1106	比丘避女惡名欲自殺經	南當，北孝	當	孝	△		
1107	阿難同學經	南緣，北善	緣	善			
1108	佛說月喻經	南馨，北夙	馨	夙			
1109	佛說灌頂王喻經	南馨，北夙	馨	夙			
1110	佛說比丘聽施經	當	當	當	△		
1111	佛說見正經	孝	孝	孝	○		
1112	佛說略教誡經	當	當	當	○		
1113	佛說父母恩難報經	當	當	當	△		
1114	佛說淨飯王般涅槃經	南尺，北當	尺	當	⟋		
1115	獮狗經	敬	敬	敬	⟋		
1116	佛說犢牛譬經	當	當	當	△		
1117	佛爲年少比丘說正事經	南孝，北當	孝	當	⟋		
1118	分別經	敬	敬	敬	○		
1119	佛說阿難七夢經	孝	孝	孝	⟋		
1120	阿難四事經	敬	敬	敬	△		
1121	佛說五苦章句經	南尺，北當	尺	當	△		
1122	佛說月光菩薩經	南臨，北盡	臨	盡	△		
1123	未曾有因緣經	南彼，北靡	彼	靡	○		
1124	除恐災患經	南罔，北短	罔	短	○		
1125	佛說孛經	南忘，北彼	忘	彼	△		
1126	天王太子辟羅經	南賢，北景	賢	景	○		
1127	佛說八大靈塔名號經	南夙，北臨	夙	臨	△		
1128	佛說溫室洗浴眾僧經	南莫，北短	莫	短	○		
1129	諸德福田經	南忘，北彼	忘	彼	○		
1130	佛爲海龍王說法印經	南賢，北景	賢	景	△		

1131	賓頭盧突羅闍爲優陀延王說法經	南甚，北墳	甚	墳			
1132	賢愚因緣經	南誠美，北左達	誠美	左達	◔		
1133	雜寶藏經	南業，北既	業	既	○		
1134	撰集百緣經	南愼，北承	愼	承	◔		

大乘律藏							
編號	閱藏知津經典題名	閱藏知津南北藏函號	永樂南藏目錄函號	永樂北藏目錄函號	閱藏知津目錄符號	閱藏知津正文符號	備註
1135	佛說梵網經	南攝，北安	攝	安	◎		
1136	菩薩瓔珞本業經	南職，北篤	職	篤	△		
1137	菩薩善戒經	南仕攝，北辭	仕攝	辭	△		
1138	菩薩善戒經	南仕攝，北辭			△		F 11, G 10
1139	佛說受十善戒經	南職，北篤	職	篤	◎		
1140	佛說十善業道經	南從，北初	從	初	◉		
1141	佛爲娑伽羅龍王所說大乘法經	南命，北盡	命	盡	△	△	
1142	文殊師利問經	染	染	染	◎		
1143	佛說菩薩內戒經	南從，北言	從	言	◗		
1144	佛藏經	南職，北篤	職	篤	◔		
1145	優婆塞戒經	南攝，北定	攝	定	○		
1146	佛說法律三昧經	南從，北初	從	初	◗		
1147	清淨毗尼方廣經	南從，北初	從	初	◎		
1148	佛說文殊師利淨律經	南從，北言	從	言	△	△	
1149	寂調音所問經	南從，北定	從	定	△	△	
1150	佛說文殊悔過經	南從，北定	從	定	◗		
1151	三曼陀颰陀羅菩薩經	南從，北初	從	初	◗		
1152	菩薩藏經	南從，北初	從	初	△		
1153	舍利弗悔過經	南從，北初	從	初			
1154	大乘三聚懺悔經	南從，北定	從	定	△		
1155	佛說淨業障經	南職，北篤	職	篤	◔		
1156	佛說善恭敬經	南效，北良	效	良	○		
1157	佛說正恭敬經	南效，北良	效	良			
1158	佛說大乘戒經	南履，北臨	履	臨	◔	◔	
1159	菩薩戒羯磨文	南職，北篤	職	篤	◔		
1160	菩薩戒本經	南職，北篤	職	篤	◔		
1161	菩薩優婆塞五戒威儀經	南從，北言	從	言	◗		
1162	菩薩戒本	南職，北篤	職	篤	△	△	
1163	菩薩受齋經	南從，北初	從	初	◗		
1164	菩薩五法懺悔經	南從，北初	從	初	△		

				小乘律藏			
編號	閱藏知津經典題名	閱藏知津 南北藏函號	永樂南藏 目錄函號	永樂北藏 目錄函號	閱藏知津 目錄符號	閱藏知津 正文符號	備註
1165	四分律藏	南訓至姑，北業 至無	訓至姑	業至無	☉		
1166	四分戒本	南姑，北外	姑	外			
1167	四分戒本	南姑，北外					F 12, G 11
1168	比丘尼戒本	南叔，北外	叔	外			
1169	曇無德律部雜羯磨	南猶，北受	猶	愛			B 21
1170	羯磨	南猶，北婦	猶	婦			
1171	四分比丘尼羯磨法	南猶，北卑	猶	卑			
1172	四分僧羯磨	南子，北卑	子	卑			
1173	尼羯磨	南子，北榮	子	榮			
1174	摩訶僧祇律	南政至棠，北攝 至存	政至棠	攝至存	◯		
1175	波羅提木乂僧祇戒本	南貴，北外	貴	外			
1176	比丘尼僧祇律波羅提 木乂戒經	南婦，北隨	婦	隨			
1177	彌沙塞部五分律	南隨外受傅，北 而益詠	隨外受傅	而益詠	◯		
1178	五分戒本	南棠，北外	棠	外			
1179	五分比丘尼戒本	南叔，北外	叔	外			
1180	彌沙塞羯磨本	南叔，北隨	叔	隨			
1181	十誦律	南去至貴，北誠 至榮	去至貴	誠至榮	◯		
1182	十誦毗尼序	南貴，北婦	貴	婦	◯		
1183	十誦比丘戒本	南傅，北外	傅	外			
1184	十誦比丘尼戒本	南傅，北外	傅	外			
1185	大沙門百一羯磨法	南叔，北外	叔	外			
1186	十誦羯磨比丘要用	南叔，北受	叔	愛			B 22
1187	薩婆多毗尼毗婆沙	南氣，北夫	氣	夫	◯		
1188	薩婆多毗尼摩得勒伽	南懷，北下	懷	下	❟		
1189	根本說一切有部毗奈耶	南賤至卑，北竟 至仕	賤至卑	竟至仕			
1190	根本說一切有部苾蒭尼 毗奈耶	南上和，北貴賤	上和	貴賤	◯		
1191	根本說一切有部毗奈耶 雜事	南下至唱，北以 至去	下至唱	以至去	◯		
1192	根本說一切有部毗奈耶 破僧事	南連枝，北樂殊	連枝	樂殊	◯		
1193	根本說一切有部尼陀那	南婦，北睦	婦	睦	◯		

1194	根本說一切有部百一羯磨	南伯，北和	伯	和			
1195	根本說一切有部戒經	南傳，北初	傳	初			
1196	根本說一切有部苾芻尼戒經	南傳，北隨	傳	隨			
1197	根本說一切有部毗奈耶尼陀那目得迦攝頌雜事攝頌	南比，北唱	比	唱			
1198	根本薩婆多部律攝	南兒孔，北尊卑	兒孔	尊卑	○		
1199	根本說一切有部毗奈耶頌	南比，北婦	比	婦			
1200	根本說一切有部出家授近圓羯磨儀軌	南交，北夫	交	夫			
1201	苾芻習略法	南交，北夫	交				G 12
1202	戒因緣經	南兒，北上	兒	上	❜		
1203	解脫戒本經	南傳，北初	傳	初			
1204	善見毗婆沙律	南弟同，北禮別	弟同	禮別	○		
1205	毗尼母經	南交，北唱	交	唱	○		
1206	佛阿毗曇經	南交，北唱	弟同	初	△		D 2，C 11
1207	舍利弗問經	南子，北隨	子	隨	○		
1208	優波離問經	南叔，北隨	叔	初	❜		C 12
1209	佛說目連所問經	南盡，北則	盡	則			
1210	犯戒罪輕重經	南比，北初	比	初			
1211	迦葉禁戒經	南比，北初	比	初			
1212	律二十二明了論	南孔，北唱	孔	唱	△		
1213	大比丘三千威儀	南孔，北別	孔	別			
1214	沙彌十戒法并威儀	南叔，北婦	叔	婦	○		
1215	沙彌威儀	南叔，北受	叔	愛			B 23
1216	佛說沙彌十戒儀則經	南忠，北則	忠	則	○	○	
1217	沙彌尼戒經	南子，北隨	子	隨	○		
1218	沙彌尼離戒文	南叔，北受	叔	愛			B 24
1219	佛說優婆塞五戒相經	南比，北初	比	初	○		
1220	佛說戒消災經	南比，北初	比	初	◎		
1221	佛說大愛道比丘尼經	南比，北隨	比	隨			
1222	佛說苾芻五法經	南盡，北則	盡	則			
1223	佛說苾芻迦尸迦十法經	南盡，北則	盡	則			
1224	佛說五恐怖世經	當	當	當			
1225	佛說齋經	南福，北緣			◎		F 13，G 13
1226	佛說目連問戒律中五百輕重事經	南猶，北隨	猶	隨			

編號	閱藏知津經典題名	閱藏知津南北藏函號	永樂南藏目錄函號	永樂北藏目錄函號	閱藏知津目錄符號	閱藏知津正文符號	備註
1227	十住毗婆沙論	南志滿，北規仁	志滿	規仁	○		
1228	十地經論	南惻造，北離節	惻造	離節	△		
1229	大方廣佛華嚴經入法界品四十二字觀	南竟，北隸	竟	隸	◎		
1230	彌勒菩薩所問經論	南造，北顛	造	顛	△		
1231	大寶積經論	南弗，北虢	弗	虢	❜		
1232	無量壽經優波提舍	南次，北顛	次	顛	◔		
1233	寶髻經四法優波提舍	南弗，北靜	弗	靜	○		
1234	轉法輪經優波提舍	南弗，北靜	次	顛	△		D 3, C 13
1235	三具足經優波提舍	南造，北節	造	節	○		
1236	佛地經論	南次，北節	次	節	○		
1237	勝思惟梵天所問經論	南離，北弗	離	弗	△		
1238	文殊師利菩薩問菩提經論	南離，北弗	離	弗	○		
1239	略述金剛頂瑜伽分別聖位修證法門	南優，北鍾	優	鍾	◎		
1240	大樂金剛不空真實三昧耶經般若波羅密多理趣釋	南竟，北藁	竟	藁	◔		
1241	般若波羅密多理趣經大安樂不空三昧真實金剛菩薩等一十七聖大曼荼羅義述	南竟，北隸	竟	隸	○		
1242	瑜伽金剛頂經釋字母品	南取，北止	取	止	○		
1243	仁王般若陀羅尼釋	南學，北杜	學	杜	○		
1244	諸教決定名義論	南壁，北古	壁	右	○		B 25
1245	聖佛母般若波羅密多九頌精義論	南壁，北古	壁	右	○		B 26
1246	佛母般若波羅密多圓集要義論	南書，北星	書	星	❜		
1247	金剛頂瑜伽中發阿耨多羅三藐三菩提心論	南壁，北通	壁	通	◎		
1248	事師法五十頌	南優，北言	優	言	◔		
1249	大智度論	南友至隱，北傅至叔	友至隱	傅至叔	◔		
1250	金剛般若波羅密經論	南次，北受	次	愛	○		B 27
1251	能斷金剛般若波羅密多經論頌	南次，北顛	次	顛	○		
1252	金剛般若波羅密經論	南弗，北受		愛	○		B 28, F 14
1253	能斷金剛般若波羅密多經論釋	南弗，北虢	弗	虢			

西土大乘釋經論

1254	金剛般若波羅密經破取著不壞假名論	南離，北弗	離	弗	◑		
1255	妙法蓮華經優波提舍	南離，北虒	離	虒	○		
1256	妙法蓮華經論優波提舍	南離，北虒		虒	○	○	F 15
1257	大般涅槃經論	南弗，北顒	弗	顒	丶		
1258	涅槃經本有今無偈論	南弗，北顒	弗	顒	丶		
1259	遺教經論	南離，北顒	離	顒	○		

此土大乘釋經論							
編號	閱藏知津經典題名	閱藏知津南北藏函號	永樂南藏目錄函號	永樂北藏目錄函號	閱藏知津目錄符號	閱藏知津正文符號	備註
1260	大方廣佛華嚴經疏	南顒至最，北用至威	顒至最	用至威	◑		
1261	華嚴經隨疏演義鈔	南精至丹，北沙至禹	精至丹	沙至禹	◑		
1262	大方廣佛華嚴經疏鈔	稷稅熟		稷稅熟	○	○	K 1
1263	華嚴一乘教義分齊章	南丹，北跡	丹	跡	○		
1264	華嚴經指歸	南青，北跡	青	跡	◑		
1265	華嚴經明法品內立三寶章	南青，北跡	青	跡	○		
1266	大方廣圓覺脩多羅了義經略疏之鈔	治本於		治本於	△		K 2
1267	大方廣圓覺脩多羅了義經疏	南石，北（缺）	石	（缺）			I 1
1268	佛說阿陀經疏	南青，北百	青	百	◬		
1269	佛說觀無量壽佛經疏	南法，北約	法	約	◎		
1270	楞伽阿跋多羅寶經註解	南（缺），北主	（缺）	主	丶		H 2
1271	維摩詰所說經註	務		務	丶		K 3
1272	維摩詰所說經疏	元藏謙字號，南北俱（缺）	南北俱（缺）	南北俱（缺）	◎		J 1
1273	維摩詰所說經記	元藏謹字號，南北俱（缺）	南北俱（缺）	南北俱（缺）			J 2
1274	四教義	弊	弊	弊	◎		
1275	金光明經玄義	南遵，北會	遵	會	◑		
1276	金光明經文句	南約，北盟	約	盟	◑		
1277	盂蘭盆經疏	南青，北百	青	百			
1278	首楞嚴經義海	南九州禹，北翦頗牧	九州禹	翦頗牧	丿		
1279	大佛頂首楞嚴經會解	絲邀		絲邀	丶		K 4
1280	請觀音經疏	南煩，北法	煩	法	◑		
1281	金剛般若經疏	南法，北會	法	會	○		
1282	金剛經疏論纂要	農		農	丿		K 5

1283	釋金剛經刊定記	農		農	乀		K 6
1284	金剛般若波羅密經註解	南（缺），北主	（缺）	主			H 3
1285	仁王護國般若經疏	韓	韓	韓	○		
1286	般若波羅密多心經略疏	南青，北百	青	百	乀		
1287	般若波羅密多心經集註	南石，北（缺）	石	（缺）	乀		I 2
1288	般若波羅密多心經註解	南（缺），北主	（缺）	主			H 4
1289	妙法蓮華經玄義	南實寧，北密勿	實寧	密勿	◎		
1290	妙法蓮華經文句	南更霸，北實寧	更霸	實寧	◎		
1291	觀音玄義	南何，北遵	何	遵	◎		
1292	觀音義疏	南何，北遵	何	遵	◎		
1293	妙法蓮華經要解	曠遠		曠遠	乀		K 7
1294	大般涅槃經玄義	南踐，北滅	踐	滅	◎		
1295	大般涅槃經疏	南土會盟，北滅虢踐	土會盟	滅虢踐	◗		
1296	佛遺教經論疏節要	南丹，北跡	丹	跡	乀		
1297	菩薩戒義疏	南遵，北何	遵	何	○		

西土大乘宗經論							
編號	閱藏知津經典題名	閱藏知津南北藏函號	永樂南藏目錄函號	永樂北藏目錄函號	閱藏知津目錄符號	閱藏知津正文符號	備註
1298	瑜伽師地論	南節至靜，北猶至氣	節至靜	猶至氣	○		
1299	菩薩地持經	南登，北安	登	安	△		
1300	決定藏論	南好，北性	好	性			
1301	王法正理論	南心，北退	心	退	◗	◗	
1302	顯揚聖教論	南情逸，北分切	情逸	分切	○		
1303	顯揚聖教論頌	南心，北退	心	退	○		
1304	大乘阿毗達磨集論	南心，北退	心	退	○		
1305	大乘阿毗達磨雜集論	南動神，北磨箴	動神	磨箴	○		
1306	辯中邊論頌	南爵，北靜	爵	靜	○		
1307	辯中邊論	南爵，北靜	爵	靜	○		
1308	中邊分別論	南移，北情	移	情	乀		
1309	攝大乘論本	南移，北情	移	情	○		
1310	攝大乘論	南物，北隱	物	隱	乀		
1311	攝大乘論	南物，北隱					F 16, G 14
1312	楞伽經唯識論	南都，北靜		靜	○		F 17
1313	大乘唯識論	南都，北靜	都	靜			
1314	唯識二十論	南都，北靜	都	靜			
1315	唯識三十論	南自，北沛	自	沛	◗		
1316	大乘成業論	南爵，北匱	爵	匱	○		

1317	業成就論	南爵，北匪	爵	匪			
1318	大乘五蘊論	南都，北投	都	投	○		
1319	因明正理門論本	南爵，北匪	爵	匪	△		
1320	因明正理門論	南爵，北匪	爵	匪	△	△	
1321	因明入正理論	南自，北沛	自	沛	◔		
1322	大乘百法明門論	南華，北沛	華	沛	◔		
1323	觀所緣緣論	南華，北投	華	投	◔		
1324	無相思塵論	南華，北投	華	投			
1325	三無性論	南邑，北沛	邑	沛	○		
1326	顯識論顯識品	南自，北沛	自	沛	○		
1327	轉識論	南都，北沛	都	沛	◗		
1328	大乘起信論	南邑，北情	邑	情	◎		
1329	大乘起信論	南邑，北情			△	△	F 18，G 15
1330	大宗地玄文本論	南羅，北疑	羅	疑	◬		
1331	十二門論	南守，北造	守	造	○		
1332	菩提心離相論	南書，北星	書	星	○		
1333	菩提資糧論	南滿，北仁	滿	仁	○		
1334	發菩提心論	南邑，北沛	邑	沛	◎		
1335	廣釋菩提心論	南壁，北疑	壁	疑	○		
1336	菩提心觀釋	南履，北臨	履	臨	○		
1337	大乘法界無差別論	南華，北逸	華	逸	◔		
1338	大乘法界無差別論	南壁，北通	壁	通	△	△	
1339	壹輸盧迦論	南華，北沛	華	沛	○		
1340	六十頌如理論	南書，北星	書	星	○		
1341	大乘二十頌論	南書，北星	書	星	○		
1342	大乘破有論	南書，北星	書	星	△		
1343	方便心論	南邑，北逸	邑	逸	△		
1344	迴諍論	南華，北逸	華	逸	△		
1345	中論	南神，北箴	神	箴	◔		
1346	般若燈論	南疲守，北惻造	疲守	惻造	◬		
1347	大乘中觀釋論	南壁，北通	壁	通	◗		
1348	順中論	南移，北情	移	情	△		
1349	百字論	南華，北逸	華	逸	△		
1350	百論	南守，北造	守	造	○		
1351	廣百論本	南守，北造	守	造			
1352	十八空論	南守，北造	守	造	○		
1353	取因假設論	南華，北匪	華	匪	△		
1354	觀總相論頌	南華，北匪	華	匪			
1355	掌中論	南華，北逸	華	逸	○		

1356	解拳論	南華，北逸	華	逸			
1357	入大乘論	南都，北靜	都	靜	○		
1358	佛性論	南爵，北匪	爵	匪	○		
1359	究竟一乘寶性論	南自，北性	自	性	○		
1360	大乘寶要義論	南書，北星	書	星	○		
1361	大乘集菩薩學論	南府，北轉疑	府	轉疑	○		
1362	集大乘相論	南書，北星	書	星	○		
1363	集諸法寶最上義論	南書，北星	書	星	○		
1364	六門教授習定論	南華，北匪	華	匪	○		
1365	大乘莊嚴經論	南意移，北次弗	意移	次弗	○		
1366	大莊嚴經論	南逐物，北慈隱	逐物	慈隱	○		
1367	菩薩本生鬘論	南經，北右	經	右			
1368	大丈夫論	南都，北靜	都	靜	△		
1369	提婆菩薩破楞伽經中外道小乘四宗論	南華，北逸	華	逸	○		
1370	提婆菩薩釋楞伽經中外道小乘涅槃論	南華，北逸	華	逸	○		
1371	大乘掌珍論	南都，北性	都	性	○		
1372	如實論	南華，北逸	華	逸	△		
1373	手杖論	南華，北匪	華	匪	○		
1374	寶行王正論	南邑，北逸	邑	逸	○		
1375	佛說法集名數經	南忠，北則	忠	則	○		
1376	惟日雜難經	南終，北明	終	明			
1377	五門禪經要用法	南令，北英	令	英	⟋		
1378	坐禪三昧法門經	南令，北墳	令	墳	○		
1379	禪法要解經	南榮，北集	榮	集	◔		
1380	思惟要略法	南終，北英	終	英	◔		
1381	菩薩訶色欲法	南宜，北薰	宜	薰	◔		
1382	禪要訶欲經	南令，北聚	令	聚	○		
1383	小道地經	南藉，北既	藉	既	⟋		A25
1384	修行道地經	南終，北明	終	明	⬠		
1385	道地經	南慎，北明	慎	明			
1386	眾經撰雜譬喻	南所，北臺	所	臺	◔		
1387	舊雜譬喻經	南所，北聚	所	聚	⬠		
1388	雜譬喻經	南所，北臺	所	臺	○		
1389	雜譬喻經	南所，北英		英	○		F 19
1390	菩提行經	南甚，北亦	甚	亦	△		
1391	讚法界頌	南力，北言	力	言	○		
1392	廣發大願頌	南甚，北英	甚	英	◔		
1393	佛三身讚	南興，北言		言	○		F 20

1394	佛一百八名讚	南臨,北言	臨	言	☽		
1395	一百五十讚佛頌	南籍,北隸	藉	隸	☽		A26
1396	佛吉祥德讚	南無,北漆	無	漆	☽		
1397	聖觀自在菩薩功德讚	南竟,北言	竟	言	☽		
1398	讚觀世音菩薩頌	南籍,北言	藉	言	○		A27
1399	聖者文殊師利發菩提心願文	南思,北澄					F21,G16
1400	大聖文殊師利菩薩讚佛法身禮	南竟,北隸	竟	隸	◎		
1401	百千頌大集經地藏菩薩請問法身讚	南無,北隸	無	隸			

此土大乘宗經論							
編號	閱藏知津經典題名	閱藏知津南北藏函號	永樂南藏目錄函號	永樂北藏目錄函號	閱藏知津目錄符號	閱藏知津正文符號	備註
1402	肇論	二藏俱（缺）	二藏俱（缺）	二藏俱（缺）	○		J3
1403	寶藏論	敦		敦	○		K8
1404	大乘止觀法門	南踐,北途	踐	途	◉		
1405	法華經安樂行義	南煩,北土	煩	土	☽		
1406	諸法無諍三昧法門	南煩,北途	煩	途	○		
1407	摩訶止觀	南困衡,北霸趙	困橫	霸趙	◎		A28
1408	釋禪波羅密次第法門	南刑,北煩	刑	煩	☽		
1409	六妙門禪法	元藏謹字號,南北俱（缺）	南北俱（缺）	南北俱（缺）	☽		J4
1410	修習止觀坐禪法要	南踐,北途	踐	途	☽		
1411	釋摩訶般若波羅密經覺意三昧	南煩,北法	煩	法	☽		
1412	四念處	南煩,北法	煩	法	☽		
1413	法界次第初門	南翦,北刑	翦	刑	☽		
1414	淨土十疑論	南起,北刑	起	刑	☽		
1415	觀心論	二藏俱（缺）	二藏俱（缺）	二藏俱（缺）	◎		J5

西土大乘諸論釋							
編號	閱藏知津經典題名	閱藏知津南北藏函號	永樂南藏目錄函號	永樂北藏目錄函號	閱藏知津目錄符號	閱藏知津正文符號	備註
1416	瑜伽師地論釋	南心,北退	心	退	☽		
1417	攝大乘論釋	南持,北枝	持	枝	○		
1418	攝大乘論釋	南操好,北友			◗	◗	F22,G17
1419	攝大乘論釋	南堅,北連			◗	◗	F23,G18

1420	攝大乘論釋	南雅，北交			○		F 24, G 19
1421	成唯識論	南慶，北義	慶	義	◎		
1422	成唯識寶生論	南自，北沛	自	沛			
1423	大乘廣五蘊論	南都，北投	都	投	○		
1424	觀所緣緣論釋	南華，北投	華	投	○		
1425	釋摩訶衍論	元藏笙字號，南北俱（缺）	南北俱（缺）	南北俱（缺）	○		J 6
1426	廣百論釋論	南眞，北廉	眞	廉	◔		

此土大乘諸論釋							
編號	閱藏知津經典題名	閱藏知津南北藏函號	永樂南藏目錄函號	永樂北藏目錄函號	閱藏知津目錄符號	閱藏知津正文符號	備註
1427	華嚴懸談會玄記	鉅野洞庭		鉅野洞庭	◣		K 9
1428	佛說觀無量壽佛經疏妙宗鈔	南韓，北約	韓	約	◎		
1429	金光明經玄義拾遺記	南遵，北會	遵	會	◎		
1430	金光明經文句記	南約法，北盟何	約法	盟何	◔		
1431	請觀音經疏闡義鈔	南煩，北法	煩	法	○		
1432	仁王護國般若經疏神寶記	南弊，北韓	弊	韓	○		
1433	般若波羅密多心經略疏連珠記	南青，北百	青	百	◣		
1434	佛母般若波羅密多圓集要義論釋	南書，北星	書	星	◣		
1435	法華玄義釋籤	南晉楚，北多士	晉楚	多士	◎		
1436	法華文句記	南趙魏，北晉楚更	趙魏	晉楚更	◎		
1437	觀音玄義記	南何，北遵	何	遵	◎		
1438	觀音義疏記	南何，北遵約	何	遵約	◎		
1439	涅槃玄義發源機要	土	土	土	○		
1440	大乘百法明門論	敦			○		K 10, G 20
1441	大乘起信論疏	嚴		嚴	◣		K 11
1442	大乘起信論疏筆削記	嚴岫		嚴岫	◣		K 12
1443	肇論新疏游刃	杳冥		杳冥			K 13
1444	摩訶止觀輔行傳弘決	南假至虢，北魏至假	假至虢	魏至假	◎		
1445	止觀義例	南踐，北途	踐	途	◔		
1446	止觀大意	南翦，北起	翦	起	◔		
1447	觀心論疏	南起，北刑	起	刑	◎		

編號	閱藏知津經典題名	閱藏知津南北藏函號	永樂南藏目錄函號	永樂北藏目錄函號	閱藏知津目錄符號	閱藏知津正文符號	備註
			小乘論藏				
1448	立世阿毗曇論	南聚，北弁	聚	弁	○		
1449	阿毗達磨集異門足論	南邛面，北甲帳	邛面	甲帳	◉		
1450	舍利弗阿毗曇論	南臺英杜，北驚圖寫	臺英杜	驚圖寫	○		
1451	阿毗達磨法蘊足論	南背，北陞	背	陞	○		
1452	施設論	南壁，北通	壁	通	○		
1453	阿毗達磨發智論	南二京，北傍啓	二京	傍啓	◎		
1454	阿毗曇八犍度論	南夏東西，北彩仙靈	夏東西	彩仙靈	＼	＼	
1455	阿毗達磨大毗婆沙論	南圖至席，北心至縻	圖至席	心至縻	△		
1456	阿毗曇毗婆沙論	南宮至驚，北都至京	宮至驚	都至京	△	△	
1457	鞞婆沙論	南鍾隸，北肆筵	鍾隸	肆筵	△		
1458	阿毗達磨俱舍論	南笙陞階，北樓觀飛	笙陞階	樓觀飛	○		
1459	阿毗達磨俱舍釋論	南鼓瑟吹，北禽獸畫	鼓瑟吹	禽獸畫			
1460	阿毗達磨俱舍論頌本	南吹，北畫	吹	畫	○	○	
1461	阿毗達磨順正理論	南納至通，北背至涇	納至通	背至涇	△		
1462	阿毗達磨藏顯宗論	南廣內左達，北宮殿盤鬱	廣內左達	宮殿盤鬱	△		
1463	阿毗達磨識身足論	南洛浮，北設席	洛浮	設席	△		
1464	阿毗達磨界身足論	南浮，北席	浮	席	△		
1465	阿毗達磨品類足論	南渭據，北對楹	渭據	對楹	△		
1466	眾事分阿毗曇論	南據涇，北陞階	據涇	陞階	◗	◗	
1467	阿毗曇心論	南承，北瑟	承	瑟	◗		
1468	法勝阿毗曇心論	南承，北納	承	納	◗		
1469	雜阿毗曇心論	南明既，北鼓瑟	明既	鼓瑟	◗		
1470	阿毗曇甘露味論	南既，北楹	既	楹	◗		
1471	入阿毗達磨論	南墳，北笙	墳	笙	○		
1472	五事毗婆沙論	南杜，北席	杜	席	△		
1473	阿毗曇五法行經	南籍，北墳	藉	墳			A29
1474	尊婆須密菩薩所集論	南集墳，北吹笙	集墳	吹笙			
1475	成實論	南典亦，北丙舍	典亦	丙舍	▲		
1476	四諦論	南漆，北逸	漆	逸	○		
1477	解脫道論	南藁，北階納	藁	階納	△		

1478	隨相論	南既，北筵	既	筵	╲		
1479	緣生論	南華，北匪	華	匪	╲		
1480	大乘緣生論	南壁，北右	壁	右	╲		
1481	十二因緣論	南華，北沛	華	沛	○		
1482	止觀門論頌	南華，北匪	華	匪	○		
1483	金剛針論	南書，北星	書	星			
1484	彰所知論	南羅，北通	羅	通	○		
1485	三法度論	南墳，北畫	墳	畫	╲		
1486	四阿含暮抄解	南籍，北英	籍	英			A30
1487	三彌底部論	南隸，北畫	隸	畫			
1488	分別功德論	南漆，北笙	漆	笙	○		
1489	阿含口解十二因緣經	南籍，北既	籍	既			A31
1490	辟支佛因緣論	南漆，北逸	漆	逸	○		
1491	四品學法	南宜，北藁	宜	藁	△		
1492	異部宗輪論	南漆，北席	漆	席	○		
1493	十八部論	南漆，北席	漆	席			
1494	部異執論	南漆，北席	漆	席			

雜藏—西土撰述							
編號	閱藏知津經典題名	閱藏知津南北藏函號	永樂南藏目錄函號	永樂北藏目錄函號	閱藏知津目錄符號	閱藏知津正文符號	備註
1495	佛說四十二章經	南尺，北璧	尺	璧	◎		
1496	大乘修行菩薩行門諸經要集	南宜，北英	宜	英	⊙	⊙	
1497	八大人覺經	南賢，北維	賢	維	◎		
1498	菩薩內習六波羅密	南賢，北悲	賢	悲	○		
1499	出曜經	南定篤初，北廣內	定篤初	廣內	○		
1500	法句譬喻經	南籍，北亦	籍	亦	○	○	A32
1501	法句經	南所，北臺	所	臺	△	△	
1502	法集要頌經	南甚，北隸	甚	隸	⊙	⊙	
1503	佛本行經	南初，北達	初	達	△		
1504	佛所行讚經	南美，北典	美	典	○		
1505	僧伽羅刹所集佛行	南宜，北典	宜	典			
1506	僧伽斯那所撰菩薩本緣經	南令，北聚	令	聚	⊙		
1507	師子素馱婆王斷肉經	南賢，北景	賢	景	⊙		
1508	十二游經	南終，北英	終	英	△		
1509	達磨多羅禪經	南榮，北集	榮	集	△		
1510	內身觀章句經	南令，北聚	令	聚	╲		

1511	法觀經	南令，北聚	令	聚			
1512	三慧經	南籍，北墳	籍	墳			A33
1513	佛使比丘迦旃延說法沒盡偈	南宜，北既	宜	既			
1514	迦丁比丘說當來變經	南甚，北英	甚	英	○		
1515	大阿羅漢提密多羅所說法住記	南甚，北漆	甚	漆	○		
1516	撰集三藏及雜藏傳	南籍，北漆	籍	漆	◝		A34
1517	迦葉結經	南籍，北聚	籍	聚			A35
1518	密跡力士大權神王經偈頌	南學，北杜	學	杜			
1519	請賓頭盧經	南甚，北墳	甚	墳			
1520	那先比丘經	南業，北聚	業	聚	○		
1521	阿育王譬喻經	南基，北墳	基	墳	△		
1522	百喻經	南令，北臺	令	臺	○		
1523	無明羅剎經	無所，北臺	所	臺	○		
1524	龍樹菩薩爲禪陀迦王說法要偈	南甚，北漆	甚	漆	◉		
1525	勸發諸王要偈	南甚，北隸	甚	隸	○	○	
1526	龍樹菩薩勸誡王頌	南甚，北隸	甚	隸	△	△	
1527	大勇菩薩分別業報略經	南甚，北墳	甚	墳	○		
1528	十不善道經	南優，北英	優	英			
1529	賢聖集伽陀一百頌	南甚，北英	甚	英	○		
1530	勝軍化世百喻伽陀經	南盡，北則	盡	則			
1531	六道伽陀經	南盡，北則	盡	則			
1532	文殊師利菩薩及諸仙所說吉凶時日善惡宿曜經	南優，北亦	優	亦			
1533	迦葉仙人說醫女人經	南夙，北臨	夙	臨			
1534	付法藏因緣經	南榮，北集	榮	集	○		
1535	馬鳴菩薩傳	南籍，北漆	籍	漆	○	○	A36
1536	龍樹菩薩傳	南籍，北漆	籍	漆	○	○	A37
1537	提婆菩薩傳	南籍，北漆	籍	漆	○	○	A38
1538	婆藪槃豆傳	南甚，北漆	甚	漆	○		
1539	阿育王傳	南基，北漆	基	漆	○		
1540	阿育王經	南基，北墳	基	墳	△	△	
1541	阿育王子法益壞目因緣經	南所，北臺	所	臺	○		
1542	勝宗十句義論	南吹，北納	吹	納			
1543	金七十論	南羅，北疑	羅	疑			
1544	大明仁孝皇后夢感佛說第一希有大功德經	南大，北史		史			F25

編號	閱藏知津經典題名	閱藏知津南北藏函號	永樂南藏目錄函號	永樂北藏目錄函號	閱藏知津目錄符號	閱藏知津正文符號	備註
			雜藏—此方撰述—懺儀				
1545	慈悲道場懺法	南茂，北公	茂	公	◎		
1546	方等三昧行法	南起，北刑	起	刑	◑		
1547	法華三昧懺儀	南實，北輔	實	輔	◎		
1548	法華三昧行事運想補助儀	南實，北輔		輔	◎		F 26
1549	慈悲水懺法	南實，北輔	實	輔	◑		
1550	金光明懺法補助儀	南實，北輔	實	輔	◎		
1551	金光明最勝懺儀	南實，北輔	實	輔	○		
1552	往生淨土懺願儀	南實，北輔	實	輔	◎		
1553	請觀世音菩薩消伏毒害陀羅尼-三昧儀	南實，北輔	實	輔	◎		
1554	千手千眼大悲心咒行法	南實，北輔	實	輔	◎		
1555	熾盛光道場念誦儀	南實，北輔	實	輔	◑		
1556	觀自在菩薩如意輪呪課法	南實，北輔	實	輔	○		
1557	禮法華經儀式	南實，北輔	實	輔	◑		
1558	釋迦如來涅槃禮讚文	南實，北輔	實	輔	○		
1559	集諸經禮懺悔文	南功，北桓	功	桓	◑		
1560	天台智者大師齋忌禮讚文	南實，北起	實	輔	○		C 14

編號	閱藏知津經典題名	閱藏知津南北藏函號	永樂南藏目錄函號	永樂北藏目錄函號	閱藏知津目錄符號	閱藏知津正文符號	備註
			雜藏—此方撰述—淨土				
1561	往生淨土決疑行願二門	南實，北輔	實	輔	◎		
1562	淨土境觀要門	南刑，北起	刑	起	◑		
1563	蓮宗寶鑑	素		素	△		K 14
1564	阿彌陀經不思議神力傳	貞	貞				G 21

編號	閱藏知津經典題名	閱藏知津南北藏函號	永樂南藏目錄函號	永樂北藏目錄函號	閱藏知津目錄符號	閱藏知津正文符號	備註
			雜藏—此方撰述—台宗				
1565	南嶽思大禪師立誓願文	起	起	起	○		
1566	天台智者大師禪門口訣	南起，北約	起	約	○		
1567	天台智者大師別傳	南竆，北起	竆	起	○		
1568	天台八教大意	南竆，北韓	竆	韓	◑		
1569	國清百錄	南起，北弊	起	弊	○		

1570	永嘉集	起	起	起	⊙		
1571	金剛錍	南翳，北起	翳	起	◎		
1572	始終心要	南翳，北起	翳	起	⊙		
1573	十不二門	南翳，北起	翳	起	◎		
1574	十不二門指要鈔	南翳，北起	翳	起	⊙		
1575	修懺要旨	南翳，北起	翳	起	⊙		
1576	法智遺編觀心二百問	南翳，北起	翳	起	○		
1577	天台傳佛心印記	南刑，北起	刑	起	△		
1578	天台四教儀	南翳，北會	翳	會	△		
1579	天台四教儀集註	稼		稼	△		K15

雜藏—此方撰述—禪宗							
編號	閱藏知津經典題名	閱藏知津南北藏函號	永樂南藏目錄函號	永樂北藏目錄函號	閱藏知津目錄符號	閱藏知津正文符號	備註
1580	宗鏡錄	南阿至孰，北策至谿	阿至孰	策至谿	△		
1581	景德傳燈錄	南桓公輔，北合濟弱	桓公輔	合濟弱	○		
1582	續傳燈錄	南合濟弱扶，北（缺）	合濟弱扶	（缺）	○		I 3
1583	傳法正宗記	南綺，北回	綺	回	△		
1584	傳法正宗論	南回，北綺	回	綺	△		A39
1585	宗門統要續集	南漢惠，北扶傾綺	漢惠	扶傾綺	△		
1586	禪宗正脈	勸賞		勸賞	○		K16
1587	禪宗頌古聯珠通集	南雞田赤，北（缺）	雞田赤	（缺）	△		I 4
1588	六祖大師法寶壇經	南密，北扶	密	扶	○		
1589	古尊宿語錄	南密勿多士，北（缺）	密勿多士	（缺）	○		I 5
1590	黃蘗山斷際禪師傳心法要	素		素	○	○	K17
1591	萬善同歸集	史		史	○		K18
1592	唯心訣	素		素	◎		K19
1593	定慧相資歌	素			⊙		K20，G22
1594	警世	素			⊙		K21，G23
1595	明覺禪師語錄	南回，北綺	回	綺	◗		A40
1596	圓悟佛果禪師語錄	南扶傾，北漢惠	扶傾	漢惠	○		
1597	大慧普覺禪師語錄	說感武	說感武	說感武	△		
1598	天目中峰和尚廣錄	丁俊乂	丁俊乂	丁俊乂	◗		
1599	眞心直說	敦		敦	○		K22
1600	高麗國普照禪師修心訣	敦		敦	○		K23
1601	禪宗決疑集	素		素	◗		K24

編號	閱藏知津經典題名	閱藏知津南北藏函號	永樂南藏目錄函號	永樂北藏目錄函號	閱藏知津目錄符號	閱藏知津正文符號	備註
	雜藏—此方撰述—賢首宗						
1602	修大方廣佛華嚴法界觀門	（已乏單本）			○		E2
1603	華嚴法界玄鏡	南青，北百	青	百	○		
1604	注華嚴法界觀門	南青，北跡	青	跡	○		
1605	修華嚴奧旨妄盡還源觀	南青，北跡	青	跡	◔		
1606	華嚴金師子章	（未有別行）		百	◔		F27，E3
1607	金師子章雲間類解	南青，北百	青		○		G24
1608	禪源諸詮集都序	敦		敦	△		
1609	原人論	南青，北跡	青	跡	△		
1610	華嚴原人論解	茲		茲	❜		K25
1611	註華嚴七字經題法界觀門三十頌	史					K26，G25

編號	閱藏知津經典題名	閱藏知津南北藏函號	永樂南藏目錄函號	永樂北藏目錄函號	閱藏知津目錄符號	閱藏知津正文符號	備註
	雜藏—此方撰述—慈恩宗						
1612	眞唯識量	（出宗鏡錄）			○		E4
1613	八識規矩補注	敦		敦			K27
1614	六離合釋	（附補注後）			○		E5

編號	閱藏知津經典題名	閱藏知津南北藏函號	永樂南藏目錄函號	永樂北藏目錄函號	閱藏知津目錄符號	閱藏知津正文符號	備註
	雜藏—此方撰述—密宗						
1615	陀羅尼雜集	南封，北卿	封	卿	❜		
1616	顯密圓通成佛心要集	南營，北封	營	封	❜		
1617	密呪圓因往生集	南營，北封	營	封			

編號	閱藏知津經典題名	閱藏知津南北藏函號	永樂南藏目錄函號	永樂北藏目錄函號	閱藏知津目錄符號	閱藏知津正文符號	備註
	雜藏—此方撰述—律宗						
1618	曇無德部四分律刪補隨機羯磨	南猶，北存	猶	存			
1619	南海寄歸內法傳	南功，北尹	功	尹	△		
1620	說罪要行法	南功，北桓	功	桓			
1621	受用三水要行法	南功，北桓	功	桓			
1622	護命放生儀軌法	南功，北桓	功	桓			

雜藏—此方撰述—纂集							
編號	閱藏知津經典題名	閱藏知津南北藏函號	永樂南藏目錄函號	永樂北藏目錄函號	閱藏知津目錄符號	閱藏知津正文符號	備註
1623	諸經要集	南八縣家給，北路俠槐	八縣家給	路俠槐	○		
1624	經律異相	南路至戶，北經至相	路至戶	經至相	○		
1625	法苑珠林	南勒至時，北高至祿	勒至時	高至祿	○		
1626	釋迦譜	南將相，北書	將相	書	○		
1627	釋迦氏譜	南相，北壁	相	壁	○		
1628	釋迦方誌	南相，北壁	相	壁	○		
1629	翻譯名義集	貢新		貢新	○		K28
1630	大明三藏法數	北昆池碣石，南（缺）	（缺）	昆池碣石	○		H5
1631	教乘法數	櫝倣載南		櫝倣載南	○		K29
1632	禪林寶訓	黍		黍			K30
1633	緇門警訓	陟		陟			K31
1634	百丈清規	黜		黜			K32

雜藏—此方撰述—傳記							
編號	閱藏知津經典題名	閱藏知津南北藏函號	永樂南藏目錄函號	永樂北藏目錄函號	閱藏知津目錄符號	閱藏知津正文符號	備註
1635	佛祖統紀	南城昆池碣，北（缺）	城昆池碣	（缺）	⬙		I6
1636	佛祖歷代通載	畝我藝黍		畝我藝黍	⬙		K33
1637	歷代三寶記	南主云，北營桓	主云	營桓	○		
1638	高僧傳	南輦驅，北伊尹	輦驅	伊尹	△		
1639	續高僧傳	南穀至世，北佐至衡	穀至世	佐至衡	△		
1640	有宋高僧傳	南祿侈富，北宅曲阜	祿侈富	宅曲阜	△		
1641	法顯傳	南兵，北微	兵	微	○		
1642	大唐西域記	南千兵，北孰	千兵	孰	○		
1643	大唐大慈恩寺三藏法師傳	南高，北奄	高	奄	○		
1644	大唐西域求法高僧傳	南兵，北尹	兵	尹	○		
1645	比丘尼傳	南功，北微	功	微	○		
1646	神僧傳	北城，南（缺）	（缺）	城			H6

						雜藏—此方撰述—護教	
編號	閱藏知津經典題名	閱藏知津南北藏函號	永樂南藏目錄函號	永樂北藏目錄函號	閱藏知津目錄符號	閱藏知津正文符號	備註
1647	弘明集	南車駕，北八縣	車駕	八縣	○		
1648	廣弘明集	南駕至策，北家至兵	駕至策	家至兵	○		
1649	集古今佛道論衡實錄	南給，北壁	給	壁	○		
1650	續集古今佛道論衡	南給，北壁	給	壁	○		
1651	集神州塔寺三寶感通錄	南兵，北富	兵	富	○		
1652	集沙門不應拜俗等事	南冠，北縣	冠	縣	◐		
1653	破邪論	南冠，北微	冠	微	○		
1654	辯正論	南陪，北且	陪	且	○		B 29
1655	十門辯惑論	南冠，北微	冠	微	○		
1656	甄正論	南輦，北微	輦	微	○		
1657	護法論	南營，北且	營	且	○		B 30
1658	鐔津文集	孟軻		孟軻	✏		K 34
1659	輔教篇	南回，北漢	回	漢	○		A 41
1660	元至元辯偽錄	南營，北嶽	營	嶽	○		
1661	三教平心論	黜		黜	○		K 35
1662	折疑論	茲		茲	○		K 36

						雜藏—此方撰述—音義	
編號	閱藏知津經典題名	閱藏知津南北藏函號	永樂南藏目錄函號	永樂北藏目錄函號	閱藏知津目錄符號	閱藏知津正文符號	備註
1663	一切經音義	南云亭雁，北郡秦井	云亭雁	郡秦井			
1664	新譯大方廣佛華嚴經音義	南塞，北井	塞	井	○		
1665	紹興重雕大藏音	南塞，北百	塞	百			

						雜藏—此方撰述—目錄	
編號	閱藏知津經典題名	閱藏知津南北藏函號	永樂南藏目錄函號	永樂北藏目錄函號	閱藏知津目錄符號	閱藏知津正文符號	備註
1666	出三藏記集	南跡百，北戶封	跡百	戶封	○		
1667	眾經目錄	南郡，北宗	郡	宗			
1668	眾經目錄	南百，北嶽	百	嶽			
1669	大唐內典錄	南井嶽，北侈富	井嶽	侈富			
1670	武周刊定眾經目錄	南郡秦，北宗泰	郡秦	宗泰			
1671	古今譯經圖記	南嶽，北輕	嶽	輕	○		
1672	續古今譯經圖記	南嶽，北輕	嶽	輕	○		

1673	開元釋教錄	南宗至禪，北車駕肥	宗泰岱禪	車駕肥	△		
1674	開元釋教錄略出	南禪，北輕	禪	輕	乀		
1675	至元法寶勘同總錄	南紫，北禪	紫	禪			
1676	大藏聖教法寶標目	南門，北岱	門	岱			
1677	大明重刊三藏聖教目錄	南塞，北（缺）	塞	（缺）			I 7

雜藏—此方撰述—序讚詩歌							
編號	閱藏知津經典題名	閱藏知津南北藏函號	永樂南藏目錄函號	永樂北藏目錄函號	閱藏知津目錄符號	閱藏知津正文符號	備註
1678	大明太宗文皇帝御製序文	北主，南（缺）	（缺）	主			H 7
1679	諸佛世尊如來菩薩尊者神僧名經	北云亭雁門，南（缺）	（缺）	云亭雁門			H 8
1680	諸佛世尊如來菩薩尊者神僧名稱歌曲	北紫至城，南（缺）	（缺）	紫至赤			H 9，C 15

雜藏—此方撰述—應收入藏此土撰述—釋經							
編號	閱藏知津經典題名	閱藏知津南北藏函號	永樂南藏目錄函號	永樂北藏目錄函號	閱藏知津目錄符號	閱藏知津正文符號	備註
1681	大方廣佛新華嚴經論				◬		
1682	略釋新華嚴經修行滿第決疑論				○		
1683	解迷顯智成悲十明論				○		
1684	大方廣佛華嚴經普賢行願品疏				○		
1685	維摩詰所說經無我疏				○		

雜藏—此方撰述—應收入藏此土撰述—密宗							
編號	閱藏知津經典題名	閱藏知津南北藏函號	永樂南藏目錄函號	永樂北藏目錄函號	閱藏知津目錄符號	閱藏知津正文符號	備註
1686	法界聖凡水陸勝會修齋儀軌				○		

雜藏—此方撰述—應收入藏此土撰述—淨土							
編號	閱藏知津經典題名	閱藏知津南北藏函號	永樂南藏目錄函號	永樂北藏目錄函號	閱藏知津目錄符號	閱藏知津正文符號	備註
1687	念佛三昧寶王論				◉		
1688	淨土或問				◎		
1689	寶王三昧念佛直指				◉		
1690	西齋淨土詩				◉		

1691	淨土生無生論				◎		
1692	西方合論				◐		
1693	樂邦文類				○		
1694	龍舒淨土文				△		
1695	往生集				○		
1696	西方發願文				◐		

雜藏—此方撰述—應收入藏此土撰述—台宗							
編號	閱藏知津經典題名	閱藏知津 南北藏函號	永樂南藏 目錄函號	永樂北藏 目錄函號	閱藏知津 目錄符號	閱藏知津 正文符號	備註
1697	四明尊者教行錄						
1698	十不二門指要鈔詳解						
1699	三千有門頌略解						
1700	放嘉禪宗集註						
1701	傳佛心印記註						

雜藏—此方撰述—應收入藏此土撰述—慈恩宗							
編號	閱藏知津經典題名	閱藏知津 南北藏函號	永樂南藏 目錄函號	永樂北藏 目錄函號	閱藏知津 目錄符號	閱藏知津 正文符號	備註
1702	心賦註				○		
1703	石門文字禪				○		
1704	智證傳				○		
1705	正法眼藏				○		
1706	大慧書				○		
1707	雪巖欽禪師語錄				○		
1708	高峰妙禪師語錄				○		
1709	天如則禪師語錄				○		
1710	楚石琦禪師語錄				○		
1711	紫柏老人全集				◐		
1712	方便語				△		
1713	壽昌經禪師語錄				○		

雜藏—此方撰述—應收入藏此土撰述—慈恩宗							
編號	閱藏知津經典題名	閱藏知津 南北藏函號	永樂南藏 目錄函號	永樂北藏 目錄函號	閱藏知津 目錄符號	閱藏知津 正文符號	備註
1714	唯識開蒙				△		

雜藏—此方撰述—應收入藏此土撰述—纂集						
編號	閱藏知津經典題名	閱藏知津 南北藏函號	永樂南藏 目錄函號	永樂北藏 目錄函號	閱藏知津 目錄符號	閱藏知津 正文符號	備註
1715	林間錄				○		
1716	羅湖野錄				○		
1717	大慧普覺禪師宗門武庫				○		
1718	緇門崇行錄				○		

雜藏—此方撰述—應收入藏此土撰述—傳記						
編號	閱藏知津經典題　　名	閱藏知津 南北藏函號	永樂南藏 目錄函號	永樂北藏 目錄函號	閱藏知津 目錄符號	閱藏知津 正文符號	備註
1719	釋氏通鑑						
1720	禪林僧寶傳						

雜藏—此方撰述—應收入藏此土撰述—護教						
編號	閱藏知津經典題名	閱藏知津 南北藏函號	永樂南藏 目錄函號	永樂北藏 目錄函號	閱藏知津 目錄符號	閱藏知津 正文符號	備註
1721	續原教論						
1722	通翼						
1723	佛法金湯編						
1724	廣養濟院說						

雜藏—此方撰述—應收入藏此土撰述—目錄						
編號	閱藏知津經典題名	閱藏知津 南北藏函號	永樂南藏 目錄函號	永樂北藏 目錄函號	閱藏知津 目錄符號	閱藏知津 正文符號	備註
1725	大明釋教彙門目錄　標 目　彙目義門				△